文庫

プラグマティズムの思想

魚津郁夫

筑摩書房

目次

プラグマティズムの思想

まえがき

現代アメリカ思想を代表し、かつその根幹を形成する思想はプラグマティズムである。それは一九世紀後半にはじまって、二〇世紀に集大成され、二一世紀へとひきつがれた。本書はこうしたプラグマティズムの展開をあとづけたものである。「プラグマティズム」という名称は、現代の若者にはあまりなじみがなく、たとえばコンピューター関係の用語に間違えられることも多いといった時勢のもとではあるが、あえてタイトルを「プラグマティズムの思想」とした。

一九世紀前半に活躍したフランスの政治思想家A・トクヴィルは、『アメリカの民主政治』（一八三五―四〇年）のなかで次のような指摘をしている。「文明世界のうちでアメリカ合衆国ほど［いわゆる体系的な］哲学が人びとの心を少ししか占めていない国はない。……しかし彼らのほとんどすべてが、ある種の哲学的方法を身につけている。」（第三巻、第一編、第一章）そしてその哲学的方法の特徴は、（1）体系を排すること、（2）眼前の事実を重視すること、(3) 物事の理由を権威にたよらずに独力で探究し、結果をめざして前進すること、(4) 定式をとおして物事の本質を見ぬくことである、と。

本書がとりあげるプラグマティズムが誕生するのは一九世紀後半であるから、トクヴィルの指摘はそれ以前の時代にかんするものである。しかしそれは、現代もふくめてアメリカ思想全体の特徴をいいあてている。

アメリカ合衆国は世界各地からの移民によって開拓され発展した国である。そして開拓がいかに厳しい条件のもとでの苛酷な作業であったかは、一六二〇年アメリカ東岸のプリマスに上陸したピルグリム・ファーザーズの例がしめしている。開拓民にとっては、どんな抽象的な思想も、それにもとづいて行動した結果がどうであるかという観点からとらえられることになる。したがってトクヴィルが指摘するように、体系的、伝統的な観念にしばられることなく、眼前の事実を直視し、結果をめざして前進し、定式をとおして環境の本質を見ぬくことによって環境を変えていくことが、人びとの哲学的方法(考えかた)となるのは当然といわなければならない。

アメリカ合衆国における世界各地からの移民の状況については第1章で概説したが、ピルグリムズの入植後わずか二〇年をへた一六四〇年代には、現在ニューヨークとよばれている地域で一八もの異なる言語が話されていたという。このことは人種の多様化が急速にすすみ、相互の寛容が増大したことを意味している。このようなさまざまな人種の移民によって形成された社会では、ひとつの原理によって統一する一元論ではなく、相互に違った価値観をみとめあう多元主義的傾向がうまれる。そしてこれは現代にまでつづくアメリカ思想の伝統である。

たとえばウィリアム・ジェイムズは、たとえどのような観念でも、それを信じることがその人に宗教的な慰めをあたえるならば、「その限りにおいて」これを真理としてみとめなければならないという真理観をとなえた。また最近ではリチャード・ローティーが、多元主義の立場から、それぞれの人種が自分たちの文化を中心に生活しながら、「強制なき合意」をめざして「会話」をつづけるべきことを説いている。

しかし本書があきらかにするように、プラグマティズムにはC・S・パース以来の「可謬主義」が現在にいたるまで伝統としてうけつがれている。それは認識能力に限りのある私たち人間は誤謬をおかす可能性をつねにもっているという主張である。

そしてこうした可謬主義は、ほとんどすべてのプラグマティストにおいて、次のような「実在仮説」によってささえられている。すなわち、現実の問題を解決するためにくりかえし「探究」をかさねることによって、究極において、実在という「外部の力によってひとつのおなじ結論にみちびかれる」という信念である。こうした実在仮説は、探究の前提であって、探究によって証明することはできない。それは超越的存在にたいする信仰ともいうべきものである。プラグマティズムの実際的な考えかたが、こうした信仰にささえられていることは興味深い事柄である。

ただしローティーの場合、とくに実在仮説はとらないけれども、その反面、より徹底した「反体系主義」をつらぬいていることは注目に値する。哲学者は、実際生活とは無関係な専門的な論争にあけくれる「退廃した専門主義」におちいることなしに、「人びとの心を、自分たちの周囲の生活にたいしてより鋭敏にする」という役割をになうべきだ、とローティーは主張する。トクヴィルの指摘以来一五〇年以上経過した現在、アメリカ人の哲学的方法の特徴のひとつである「反体系主義」は、いまなお健在であるといえよう。

しかしながら、相互に違った価値観をみとめあうアメリカ思想の多元主義的な伝統は、二〇〇一年ニューヨークでおこったいわゆる九・一一事件以降、急速にうすれつつあるように思われる。あるいは、アメリカ合衆国の全世界におよぶ支配の根もとにある思想がそうした伝統から遠ざかりつつあるゆえに、それにたいする反撃がおこり、さらに再反撃がくわえられる、といった悪夢の連鎖が、多元主義的な考え方の衰退を加速させつつある、というべきかも知れない。

いずれにしても、私たちはアメリカ思想の伝統から多くを学ぶとともに、アメリカ合衆国がもう一度アメリカ思想の源流に立ちかえることを強く望みたい。

二〇〇五年一一月

第1章　現代アメリカ思想の背景

1　アメリカ独立宣言まで

コロンブス到着以前のアメリカ

最初に南北アメリカ大陸に住みついた人類は、約三万年ないし二万五千年まえ、シベリアから北アメリカに移住してきた石器時代の狩猟民であった。数千年にわたって移住をおこなったアメリカ先住民は、ひろく各地に分散してそれぞれことなった環境に適応した。コロンブスがアメリカに到着したころ、北アメリカにどれほどの先住民が住んでいたかは定かでないが、専門家の意見は一〇〇万人以上という説から一〇〇〇万人以上という説まで大きくわかれている。(1)

コロンブスのアメリカ到着

イタリア出身の船乗りC・コロンブス（Christoforo Colombo, 1446 頃-1506）は毛織物業者の子としてうまれたが、ジブラルタル海峡から西へ航海することによってアジアに到着できるという確信をもつにいたった。当時世界を球体と考える人は少なくなかったが、彼らのあいだでは南北アメリカ大陸の存在はまったく念頭になかった。コロンブスは自分なりの距離の計算にもとづいて西まわりによる東洋行きの計画をたて、一四九二年八月、三隻の船で東洋をめざして出港した。彼はアジアまでの距離を実際よりはるかにみじかく見積もっていたため、同年一〇月バハマ諸島に到着したとき、ここをアジアの一角と信じ、そこの住民をインディアン（スペイン語ではインディオ）とよんだ。

植民地の建設

コロンブスのアメリカ到着以来、北アメリカ大陸ではスペイン、フランス、オランダ、イギリスの諸国によってつぎつぎに植民地が建設された。しかしフランス、オランダの植民地は植民地時代のあいだにすべてスペインとイギリスの手に帰し、アメリカ合衆国の独立後は合衆国に隣接するスペインの植民地も合衆国に併合された。イギリスが他国におくれて植民地の建設をはじめたにもかかわらず、もっとも成功したのは、

（1）スペインの植民が貴金属を、フランスの植民が森林地帯にすむ動物の毛皮を主目的としたのにたいし、イギリスの植民は農業を目的として植民地に定着したこと、

（2）イギリスの植民地、とくにニューイングランドにおいては民主的な組織が最初か

ら存在しかつ発展したこと、

（3）イギリス本国が一七世紀以後ヨーロッパ諸国の覇権をにぎったこと、

などが理由にあげられる。

ピルグリム・ファーザーズのプリマス植民地

イギリスによるアメリカ大陸の植民は一六〇七年のジェイムズタウンの建設にはじまる。しかしそれより少しおくれて一六二〇年にニューイングランドにやってきたピルグリム・ファーザーズによるプリマス植民地のほうが、合衆国の歴史において重要視される。なぜなら、信仰の自由をもとめて、家族ぐるみで農業に従事する目的でプリマスに上陸した人びとは、定住の意志が固く、また上陸に先だって相互に契約をむすび、契約に基礎をおく民主的な政治団体を形成するものとして出発したからである。(2) 彼らは新大陸における新しい社会の創設を象徴する人びととして記憶されてきた。

彼らはイギリスの国教会から離脱して、自分たちの教会をうちたてようとした人たちで、宗教弾圧をのがれて、いったんは宗教的に寛容なオランダに移住したものの、やはりイギリス人として生活することをのぞみ、イギリスの領土であるアメリカに移住する決意をかためた。彼らはわずか一八〇トンの帆船メイフラワー号でイギリスのプリマス港をでたのち、三か月以上もかかって、やっとアメリカ東岸に上陸したのは、一六二〇年の暮れであった。総勢一〇二名。うち女性二九名。彼らは雪の原野に身をさらしながら、家をたて町をつくり、食料を確保する労働にしたがったが、例年にないきびしい寒さのせいもあって、つぎつぎに犠牲者がでて、ようやく春がめぐってきたとき生きのこったものは、わずか半数にもみたなかった。

プリマス入植以前の一六〇〇年からアメリカ合衆国独立直前の一七七〇年までのあいだに約七五万人の人びとが新大陸にやってきた。彼らの動機の大半は宗教上の自由を得ることであったと考えられている。彼らのほとんどがキリスト教徒であり、その大多数はプロテスタントであった。もっともプロテスタントもさまざまな宗派にわかれていたが、イギリス国教反対という点では一致していた(3)。

現代アメリカ思想の担い手たちの祖先の大半は、以上の体験を共有する開拓民であった。こうした伝統のもとでは、信仰の自由を確保しようとする気持ちがうけつがれるとともに、抽象的な観念も、それが実際生活のうえでどのような結果をもたらすか、という観点からとらえる姿勢(すなわち思想と行動の結びつき)、そしてそうした行動の結果を重視する姿勢がうまれるのも当然といわなければならない。

植民地と対英関係

ジェイムズタウンやプリマスを発端として、北アメリカの大西洋岸には多数の植民地がつくられた。これらはイギリスの重商主義体制のなかにくみこまれ、本国イギリスへの原料や食料の供給地として位置づけられて、本国の利益のために、本国以外には輸出できない品目を列挙した航海法をはじめ、さまざまな法律によって統制がくわえられた。しかも当時のヨーロッパにおけるイギリス、フランス、スペインなど列強の対立抗争がしばしばアメリカ大陸にも波及したため、アメリカの植民地は自己の利益をまもるために、本国の軍隊による保護にたよらざるをえなかった。

反英感情の拡大と独立戦争

イギリス本国は植民地の防衛費を植民地に負担させるため、さまざまな法律をおしつけて本国の増収をはかった。たとえば本国の砂糖のみを買わせるために外国産の砂糖に関税を課す砂糖法（一七六四年）、新聞、パンフレット、法律文書など約五〇種類の文書に印紙をはることを定めた印紙法（六五年）などである。しかし植民地議会の同意を得ることなく課税したことが、植民地全体に反英感情をひろげ、人びとは「代表なくして課税なし」のスローガンのもとに本国製品の不買運動をおこした。しかし本国はさらに、砂糖法を砂糖以外の商品にまで拡張するタウンゼンド諸法（六七年）、東インド会社の破産の危機をすくうため、大量の茶の滞貨をアメリカ市場に安く放出することを定めた茶法（七三年）、西部への進出を抑制するケベック法（七四年）などにより統制を強化したため、植民地の反英抗争が拡大し、七五年四月一九日、マサチューセッツのレキシントンとコンコードで、イギリスの正規軍とアメリカの民兵が衝突し、独立戦争の幕が切っておとされた。そして一七七六年七月四日、一三の植民地の代表からなる大陸会議はトーマス・ジェファソン(Thomas Jefferson, 1743-1826)により起草された独立宣言を公布したのである。

アメリカ独立宣言

宣言は高らかにうたっている。「……われわれは、次の真理は別に証明を必要としないほどあきらかなものであると信じる。すなわち、すべて人間は平等につくられている。すべて人間は創造主によって、だれにもゆずることのできない一定の権利をあたえられている。これらの権利のなかには、生命、自由、そして幸福の追求がふくまれる。これらの権利を獲得するために、人びとのあいだに政府が設置されるのであって、政府の権力はそれに被治者が同意をあたえる場合にのみ、正当とされるのである。いかなる形態の政府であれ、こうした政府本来の目的を破壊するようになれば、そうした政府をいつでも改変し廃止することは国民の権利である。そして、国民の安全と幸福とにもっとも役だつと思われる原理や権限組織にもとづいて、あたらしい政府を設立する権利を人民はもっている。……」(4)

ジェファソン自身は宣言の起草にあたって一冊の本も参照せず、ひたすら「アメリカ精神の表現」をめざしたとのべているが、次の三点、すなわち、

（1）人間は創造主によって平等につくられ、それぞれゆずることのできない権利をもつこと、

（2）政府はこの権利を確保するために被治者の同意によって、設けられたものであること、

（3）その結果として、政府を変更廃止することは人民の権利であること、

の三点は、ジェファソン自身は意識しなかったにせよ、イギリスの哲学者ジョン・ロック（John Locke, 1632-1704）の政治思想の流れをくんでいることはあきらかである。しかしジェファソンは、次の二点においてロックよりもさらに革新的な姿勢をとっている。それは、

（a）創造主によってあたえられたゆずることのできない権利のなかに「幸福の追求」をくわえたことであり、

（b）政府にたいする抵抗権にかんして、ロックは立憲君主制の確立を志向しているのにたいして、ジェファソンはあくまでも共和主義に徹している点である。(5)

2 「人類のオーケストラ」――文化的多元主義

クレーヴクール『あるアメリカの農民からの手紙』

コロンブスのアメリカ到着以来、ヨーロッパ各国から移民が南北アメリカ大陸にやってきた。アメリカ合衆国にかんしてはイギリスの移民がもっとも成功したことはまえにのべた。

独立宣言の頃の合衆国の人口は約二五〇万人であったが、一七九〇年に実施された最初の国勢調査によれば、一三州における民族別の人口は、概算でイングランド系が六〇%、スコットランド系八%、北アイルランド系六%、アイルランド系四%、ドイツ系九%、オランダ系三%、その他一〇%であった(6)。

アメリカ大陸におけるイギリスとフランスの植民地争奪戦となったフレンチ・アンド・インディアン戦争(一七五五―六三)に参加したフランス人で、後にアメリカに帰化して農業をいとなんだM・G・J・クレーヴクール(Michel Guillaume Jean de Crèvecœur, 1735-1813)は、『あるアメリカの農民からの手紙』(一七八二年)を出版し、そのなかで次のようにのべている(7)。――ここではあらゆる国からきた人びとが融けあい、ひとつのあたらしい人種となっている。たとえばある人の祖父がイギリス人で、その妻がオランダ人、その息子がフランス人と結婚し、その四人の息子にはそれぞれちがった民族の妻がいる。そのような人びとが古い偏見と仕来りをすべてすて、あたらしい生活様式をうけいれ、あたらしい政府にしたがって、アメリカ人となっている。これらの人びとの労働と子孫が世界中に大きな変化をもたらす日がいつかやってくる。

エマソンのヴィジョン――混合社会の活力

クレーヴクールが『手紙』を出版した六三年後の一八四五年に、R・W・エマソン(Ralph Waldo Emerson, 1803-82)は日記に次のように書きつけている。

「ギリシアのコリントにある神殿の昔の火災のときのように、銀や金や他の金属がとけてまじり合うことによって、コリント真鍮《しんちゅう》というどんな金属よりも高価なあたらしい合金がつくられた。これとおなじように、すべての諸民族の避難所であるこのアメリカ大陸においても、アイルランド人、スウェーデン人、ポーランド人、コサック人、そしてすべてのヨーロッパの諸民族のエネルギー、さらにアフリカ人のエネルギー、ポリネシア人のエネルギーが、あたらしい民族、あたらしい宗教、あたらしい国、あたらしい文学を建設するであろう。それは暗黒時代の中世の『ルツボ』からうまれたあたらしいヨーロッパと同様、あるいはさらにさかのぼって、未開状態の「ギリシア周辺の」ペラスギ人や「イタリア中部の」エトルリア人からうまれたヨーロッパとおなじくらいに活力にみちているであろう。(8)」

人種の「ルツボ」

こうした考えをドラマにしたのが、イギリス系ユダヤ人作家I・ザングウィル(Israel Zangwill, 1864-1926)の「ルツボ(The Melting Pot)」(一九〇八年)である。物語のクライマックスで登場人物のデビッドとヴェラがアパートの屋上からニューヨークの街を見おろしながらいう。

「デビッド:ここに偉大なルツボが横たわっている。きいてごらん。君には、どよめき、ぶつぶつとたぎるルツボの音がきこえないかい。……あそこには港があり、無数の人間たちが世界のすみずみからやってきて、みんなルツボに投げこまれるのだ。ああ、なんと活発に煮えたぎっていることか。ケルト系もラテン系も、スラヴ系もチュートン系も、ギリシア系も、シリア系も。——黒人も黄色人も——。

ヴェラ:ユダヤ教徒もキリスト教徒も——。

デビッド:そうだよ。東も西も、北も南も、……偉大な錬金術師が聖なる炎でこれらを溶かし、融合させている。ここで彼らは一体となり、人間の共和国と神の王国を形成するのだ。……(9)」

しかし他方ではこうしたルツボのなかで融合しない少数民族もまた数多く存在すること

はいうまでもない。

黒人奴隷制

アメリカに住む黒人の大半は、奴隷としてアフリカから強制的に連行されてきた人びとの子孫である。黒人奴隷が最初におくられてきたのは一六一九年であった。当時、黒人奴隷と白人の年季奉公人とのあいだにはそれほど労働条件の違いはなかった。しかし時がたつにつれて、年季奉公人のほうが反抗的で、経費もかかることがあきらかになり、黒人奴隷への依存が高まり、奴隷制度が確立されていった。ヴァージニアの植民地議会が、一六六一年に黒人を終生奴隷として白人の年季奉公人と区別する法律を制定したのがそのはじまりである。黒人の奴隷制は合衆国の発足後もつづき、南北戦争において南部の敗北が決定的になった一八六三年にようやく廃止された。結局、北米の奴隷制は二〇〇年以上つづいたのであり、解放後も黒人の貧困が解消されることはなかった。しかもなお一九世紀末から南部の諸州で黒人にたいする差別が合法化された。たとえば黒人は白人とは別の学校で教育され、バスの座席やレストランの食卓も白人とは区別された。第二次世界大戦は、戦争遂行の必要から人種差別をゆるめる効果をもったが、一九五〇年代から教育、雇用、住居、選挙、司法などの分野における人種差別に抗議し、人種間の権利の平等を要求する公民権運動が高まり、六四年にはあたらしい公民権法が制定されて、あらゆる分野での人

種差別が少なくとも法律上は禁止された。(10)

先住民の問題

先住民は総称としてインディアンとよばれるが、実際には多くの部族にわかれており、部族が生活の単位であった。土地も部族が共有し、共同で利用していた。部族の数は主要なものだけで一〇〇以上あった。

先住民と植民地との関係もさまざまであった。たとえば一六二〇年プリマスに創設された植民地は、厳しい冬を生きのびるために先住民の協力を必要としたが、一六三七年にはマサチューセッツ湾植民地の白人はコネティカットのピクオート族を襲撃して五〇〇人以上を殺害したし、一六七五―六年にはプリマス植民地はワンパノアグ族の攻撃をうけ、一〇〇〇人以上の白人が殺害された。

合衆国の独立後、初期の政府は先住民との衝突をさけるため、彼らとのあいだに条約をむすび、有償で土地を手にいれることにしたが、条約が無視されることが多かった。しかも条約によって先住民にみとめられた土地は、白人の住むところから遠くはなれた不便な場所であった。

A・ジャクソン（Andrew Jackson, 1767-1845）は、一八一八年にフロリダに進攻してフロリダからセミノール族を一掃し、大統領就任後一八三〇年に「インディアン強制移住法」を制定して、ジョージア州に住んでいたチェロキー族やクリーク族をオクラホマに移動させた。この移動は先住民にとってきわめて苛酷なもので「涙の旅」とよばれた。たとえば出発時一万二千人のチェロキー族の三人に一人、四千人が移動中に死んだのである。

一八八七年に制定された「一般土地割当法」は先住民に一定の土地を配分することで、先住民の農民化をはかり、アメリカ的生活様式に同化させることをねらったが、これはむしろ先住民の生活様式の完全な否定を意味し、先住民の生活環境の悪化をひきおこした。その反省から、一九三四年に「インディアン再組織法」が制定され、個人への土地割り当ての禁止、大幅な部族自治の承認などがおこなわれた。しかし一八八七年には約五六〇〇万ヘクタールあった先住民の土地が一九三九年にはおよそ四分の一にまでへらされている(11)。

アジア系移民

アジア系移民の歴史は、一九世紀後半の中国系移民にはじまる。一八五〇年代に四万人以上の中国人がアメリカにわたった。中国系移民の低賃金は白人労働者にとって脅威となり、一八八二年「中国人排斥法」によって中国人の入国が禁止された。この法律は一九四三年に廃止され、中国系移民は第二次大戦後に急増した。一九九〇年の国勢調査では中国系アメリカ人はアジア系アメリカ人の第一位をしめている。

中国人排斥法によって生じた低賃金労働力の不足をおぎなうため、一八九〇年代より日系移民がふえはじめる。しかし一九二四年「移民法」によって日系移民も完全にしめだされた。

韓国系移民は一九〇三年にはじまるが、一九六五年に移民法が改正されてから、韓国系移民の数は急増した。第二次大戦後には、東南アジアからの移民が急増していることも見おとすことができない。[12]

ヒスパニック系移民

中南米からの移住者を総称してヒスパニックという。一九九〇年には総数二二三五万人で、総人口の八・九%をしめている。そのなかでメキシコ系六〇%、プエルトリコ系一二%、キューバ系五%、その他中南米諸国二三%となっている。[13]

ユダヤ系移民

紀元後一世紀にイスラエルを追われたユダヤ人は世界各地に散ることになるが、一九世紀末から二〇世紀初頭にかけてヨーロッパにおけるユダヤ人はさまざまな抑圧をうけ、ヨーロッパをはなれざるをえなかった。そのときのユダヤ人は二〇〇万人をこすとされるが、その九〇%以上がアメリカ合衆国にきたという。ただし入国時の移民登録は、出身国名と宗教を明らかにするものであり、ユダヤ人として登録されることはなかったため、正確な数は不明である。[14]

第一次世界大戦を契機にユダヤ人移民は急減するが、一九三〇年代半ばからナチスの手をのがれて、ドイツから多くのユダヤ人が米国にわたってきた。最近の報告によれば、米国においてユダヤ教を信じるものとしてのユダヤ人は約六五〇万人であり、米国全人口の三%以下であるが、イスラエルの人口五八〇万人より多い。彼らは勤勉、強固な家族関係、教育への熱意などにより、マスメディア、映画、経済界、法曹界、学界、医学、音楽など多くの分野で確固たる地位をしめている。(15)

文化的多元主義――「人類のオーケストラ」

一九九〇年の国勢調査によれば、合衆国の総人口約二億四千八百万人のうち、黒人が約一二%をしめ、先住民が約〇・八%、アジア系が約三%、ヒスパニック系が約八・九%をしめている。前述のユダヤ系をふくめて、アメリカ合衆国におけるこれら少数民族がルツボのなかで融合することはむずかしい。(16)

そこで合衆国を人種の「ルツボ」とするよりも、素材そのものがそのままのこっている「サラダ・ボウル」と表現するほうがより適切であるとされるようになった。しかしユダヤ系移民のひとりであったH・M・カレン(Horace Meyer Kallen, 1882-1974)の「人類のオーケストラ」という表現のほうがより以上に適切であると思われる。カレンはいう。アメリカ文明は「統一されたひとつの多様性すなわち人類のオーケストラとなるであろう。

オーケストラではおのおのの楽器にその特質と形態にあったそれぞれの音色と調性があり、交響曲にはそれぞれの楽器に適したテーマとメロディがあるように、社会のなかにあっては、それぞれの人種集団が自然の楽器であり、その精神と文化がテーマであり、メロディである。[17]」こうして合衆国はアングロ・サクソンの伝統を基調とした単一体でなく、かりに不協和音が出ることがあっても、合衆国にはそれを吸収し、かえってその曲をきわだたせるユニゾンにする包容力がある、とカレンは考える。

以上の主張は、「文化的融合主義」にたいして一種の「文化的多元主義」をとなえるものである。一元論にたいするこうした多元主義は、以下にみるように現代のアメリカ思想を特徴づけるもののひとつである。

3　アメリカの「知的独立宣言」——エマソンとソロー

トランセンデンタリズム

現代アメリカ思想のバックボーンのひとつは、R・W・エマソン（前出二五頁）とH・D・ソロー（Henry David Thoreau, 1817–62）などのいわゆる「トランセンデンタリズム」（Transcendentalism）である。「超越主義」と訳されるこの立場は、イギリスのロマン主義を代表する詩人のひとりで、カント哲学の影響をうけたS・T・コールリッジ

(Samuel Taylor Coleridge, 1772-1834) や、イギリスの思想家T・カーライル (Thomas Carlyle, 1795-1881) などの考えに触発されたものであるが、カント的な意味を拡大解釈して、人間精神には、実在把握にかんして感覚的な経験を超越した詩的で内在的な能力があるとする立場である。

エマソンの生涯

エマソンは一八〇三年ボストンでうまれたが、その家系には牧師が多く、彼の父もボストン第一教会（ユニテリアン）の牧師であった。一〇歳のとき父に死にわかれたエマソン

R. W. エマソン

は、質素な生活のなかからハーヴァード大学の神学部で学び、一八二九年二六歳のとき、ボストン第二教会の牧師となった。しかし教会においてパンとぶどう酒をイエスの身体と血とみなしてとりおこなわれるいわゆる「聖餐式」が信仰とは無縁の形式的な儀式にすぎないことを批判して辞職し、三二年、ヨーロッパ旅行にでて、カーライルや詩人のW・ワーズワース（William Wordsworth, 1770–1850）に会い、翌年帰国。三四年、父祖の地であるマサチューセッツ州コンコードに居を定めた。

一八三六年に『自然論』を出版。三七年、ハーヴァード大学の「ファイ・ベータ・カッパ[18]」の例会で「アメリカの学者」という講演をおこなったが、これがアメリカの「知的独立宣言[19]」として高く評価されている。コンコードにおける彼の生活は、エッセイの執筆と講演旅行に多くが費やされたが、彼の思想は『エッセイ集　第一』（一八四一年）、『エッセイ集　第二』（一八四四年）、『代表的人物論』（一八五〇年）、『イギリスの特性』（一八五六年）、『処世論』（一八六〇年）、『社会と孤独』（一八七〇年）、『文学と社会的目的』（一八七五年）、『詩選集』（一八七六年）などの著作に表明されている。七九年、コンコードの合衆国独立記念日式典で「独立宣言」を朗読。八〇年、コンコード哲学学校で講演。八一年、カーライルについて講演。八二年四月コンコードにて永眠。享年七八歳。

「アメリカの学者」——知的独立宣言

ハーヴァード大学における講演「アメリカの学者」の冒頭の部分で、エマソンは次のように主張する。「私たちの依存の時代、他国の学問にたいする私たちのながい徒弟時代は、いま終わろうとしています。……ぜひとも歌われねばならず、おのずから歌いださずにはおれないさまざまな出来事や行為がおこっています。天文学者たちがいうように、たとえばいま天頂にかがやいている琴座の星が、いつかは千年にわたって北極星となるごとく、「アメリカの人びとが歌う」歌がよみがえって新しい時代をみちびくことを誰がうたがうことができるでしょう。[20]」

ここでエマソンの念頭にあるのは、あきらかに独立宣言とそれ以後のデモクラティックなアメリカ合衆国のあゆみである。

次いでエマソンは、考える人間としての学者がうけるもっとも重要な影響は自然からの影響であるとのべた後に、自然と魂がおなじ根からでていること、両者は印鑑と押印されたしるしのように合致し、自然の美しさは、人間の精神の美しさであり、「汝自身を知れ」という古代哲学の教えと、「自然を研究せよ」という近代科学の教えとは、結局おなじことをいっていることになるという。

そしてエマソンは、思想の基盤には人間の生活があるという。「生活は私たちが今日築きあげる石造建築のための素材を手にいれる石切り場のように、私たちの背後にひろがっています。……大学や書物は、所詮、田畑や工場のつくりだした言葉のコピーにすぎません。(21)」

したがってエマソンによれば、「人間として生きる時間は、学者としてもけっして無駄ではないことが、あとになってわかります。……さまざまな教育制度が精いっぱいの努力をして教えこんだ人びとからは、ふるいものを破壊したり、あたらしいものを築きあげたりすることのできる頼もしい巨人はあらわれず、むしろ手つかずの野人のなかから……ついにはシェイクスピアがあらわれるのです。(22)」

エマソンはさらに、思考と行動の密接な関係について次のようにのべている。「精神は、いま思考にふけっているかと思うと、次の瞬間にはもう行動にうつっていて、思考と行動はたがいを表現しあいます。……思想がもはや理解されず、書物が退屈なものでしかなくなるとき、生きてみる［すなわち実際に行動してみる］というよりどころがいつもあります。……考えることは機能です。生きることはその機能を実際におこなうものです。……考えることは行動の一部分です。(23)」

こうしてエマソンは主張する。「私は日常の人をだきしめ、見なれたもの、卑近なものを探究し、その足もとに腰をすえます。(24)」台所の鍋のなかのミルク、道ゆく人の歌声、……。「こうした事柄の究極の根拠」、つまり自然や人間生活のすみずみにひそむ霊的なものの存在を把握することをエマソンはもとめるのである。

そしてエマソンはこの講演を次のようにしめくくっている。「私たちはあまりにもながくヨーロッパの優雅な詩神に耳をかたむけすぎました。アメリカの自由人の精神は、すでに臆病で、模倣ずきで、覇気にかけるのではないかと、うたがわれています。……自分自身の足であるきましょう。自分自身の手で仕事をしましょう。自分自身の心を語りましょう。……人間のひとりひとりが、万人に命をふきこむ神聖な魂（Divine Soul）によって、自分も命をふきこまれていると信じるからこそ、人間がより集うひとつの国がはじめて出現することになるのです[25]」と。

以上のエマソンの主張は、他の諸論文とともに、アメリカ人に思想的な自立をうながすだけでなく、エマソン自身の思想の核心をしめすことによって、その後のアメリカ思想の展開に大きな影響をあたえるものであった。

彼の思想の核心とは、すなわち、

（1）自然と人間の魂が同一の根をもつものであり、自然にたいする探究と人間の魂にたいする探究とは結局はおなじことであること、

（2）ひとりひとりの人間が「神聖な魂」（彼は後にこれを「大霊（Over-Soul）」とよんでいる）によって命をふきこまれていること——すなわち人間を超越したもの

の存在をみとめるとともに、それによって命をあたえられた個人の尊厳と、個人の国家にたいする優位をみとめること、
（3）思考と行為が密接な関係にあり、思考は行為の一部分であること、
（4）人間の生活が思想の基盤であること、
などの主張である。

そして（1）は、エマソン自身がみとめているように唯心論に傾斜するものであるが、しかし「人間精神」に対置された「自然」を、（2）は、個人に内在する「神」と、それゆえにまた個人の国家にたいする優位を、（3）は、「思考と行動」の結びつきを、そして（4）は、平凡な日常人の生活を重視すべきことを、それぞれ強調する点において、現代アメリカ思想に大きな影響をあたえているのである。まずそれは、エマソンの弟子ともいうべきH・D・ソローに独自なかたちであらわれている。

H・D・ソローの生涯

ソローは一八一七年マサチューセッツ州コンコードにうまれた。父は一時小さな食料品店などを経営していたが、ヘンリーが六歳のとき、鉛筆製造業をはじめた。

ヘンリーはとぼしい学資で一八三七年（二〇歳のとき）にハーヴァード大学を卒業した。卒業後は故郷のコンコードで母校の小学校教師となるが、生徒に体罰をあたえることを拒

否した彼は、町の教育委員会と対立して、わずか二、三週間でやめてしまう。翌年より兄のジョンとともに私塾をひらき、のちに『若草物語（Little Women）』の著者となったL・M・オルコット（Louisa May Alcott, 1832-88）などをおしえたが、ジョンの健康が悪化し、二年半で塾をとじてしまう。その後ヘンリーは一八四〇年に創刊された、エマソンを中心とする超越主義者たちの機関誌『ダイアル』（四年間発行）の編集にたずさわり、同誌に詩や文章、翻訳を発表した（合計三一篇）。一八四五年七月四日のアメリカ独立記念日に、コンコードの南方約二キロメートルのところに位置するウォールデン湖のほとり

H. D. ソロー

に、前年より独力でたてた間口約三m、奥行き約四・五m、高さ約二・四mほどの小屋にうつり住み、二年二か月のあいだ、そこで簡素な独居生活をおくった。その間処女作『コンコード川とメリマック川の一週間』（一八四九年）を書きあげるとともに、『ウォールデン――森の生活』（一八四八年）の執筆をはじめた。またその間、一夜であったがコンコードにある郡の牢獄に投獄された。投獄の理由は、奴隷制度を支持しかつメキシコ戦争を推進するアメリカ政府に抗議するため、税金の支払いを六年間拒否したゆえであった。そうした彼の行動の思想的根拠については、エッセイ「市民の反抗」（一八四九年）にくわしい。ウォールデンを去った後のソローは、土地の測量や父の鉛筆製造の手伝いなどで生活をささえながら著作活動をつづけた。

彼ははやくからアメリカの奴隷制度をきびしく批判しており、南部からの逃亡奴隷がコンコードをとおってカナダへ脱出するのをひそかに援助していた。

一八六〇年、長年にわたって彼をおかしていた肺結核が悪化し、ミネソタ州に転地療養をこころみたが効果はなく、一八六二年五月、コンコードにて四四歳の若さで永眠した。

『ウォールデン――森の生活』

ソローの主著のひとつであるこの作品は、自然とともに生きた彼の忠実な生活記録であるが、その目的について彼自身こうのべている。「私が森へいったのは、思慮深く生き、人生の本質的な事実のみに直面し、人生が教えてくれるはずのものを自分が学びとれるかどうか確かめてみたかったからであり、死ぬときになって、自分が生きていなかったことを発見するような羽目におちいりたくなかったからである。[26]」「天候や、昼夜の時間にかかわりなく、私は刻一刻をたいせつに生き、……それを記録しておこうと心がけてきた。わたしは過去と未来という、ふたつの永遠が出会うところ――まさにいまこの瞬間――に立とう、その線上に爪先で立とうとしたのである。[27]」

ここには哲学者としての彼の立場がしめされている。「哲学者になるということは、単に難解な思想をいだいたり、学派を形成したりすることではなく、ひたすら知恵を愛するがゆえに、知恵の命ずるところにしたがって、簡素、独立、寛容、信頼の生活をおくることである。人生の諸問題を、理論的にだけではなく、実際的にも解決することである。[28]」

本書はまず「経済」の話からはじまる。廃材と古レンガを利用して自分の手で小屋をたて、荷物も大部分は自分で背負ってはこんだが、それらすべてに要した経費（わずか二八ドル）や、この経費にくわえて滞在中に要した食料費などと、農作物の売り上げなどとの収支にかんする詳細な報告（三六ドル余の赤字）である。彼は森のなかにきこえるさまざまな物音にひとり耳をかたむけ、自然界の生命の営みのなかで畑仕事に精をだす。やがて季節は夏から秋にうつり、動物の隣人たち、暖炉などきびしい冬へのそなえの物語となり、雪にとざされた冬の湖での動物たちの生態が報告されたのちに、春のおとずれが描写される。そして「むすび」の章でソローは次のようにのべている。

「『汝の視力を内部にむけよ。そこには、いまだ発見されざる、千もの領域がみつかるだろう……』(29)……われわれは、内なるすべての新大陸や新世界を発見するコロンブスとなり、商売ではなく思想の新しい水路を切りひらこうではないか。人はみなひとつの領土の主であって、それにくらべれば、ロシア皇帝の地上の帝国も、氷がとりのこした丘程度のちっぽけな国家にすぎない。……自己を尊敬することを知らず、卑小なもののために偉大なものを犠牲にするような人間でも、愛国者にはなれるであろう。しかし彼らは自分の墓場をつくる土くれを愛するが、土くれからつくられた彼らの肉体に、いまなお命をふきこむ精霊にはなんの共感もしめさないのである(30)。」

ここにはエマソンと同様に、精霊によって生命をあたえられた自己にたいする尊敬、国家にたいする内面的な個人の優位、などがはっきりとしめされている。

「市民の反抗」

ソローがウォールデンの森で生活をはじめてから一年たった一八四六年七月、修理にだしていた靴をとりに村にいく途中、保安官で徴税官でもあったサムによびとめられる。

サム「この数年間人頭税をはらってないが、生活にこまっているなら、私が立てかえておこうか。」

ソロー「有り難う。しかしこれは国家の政策にたいする批判だから、おことわりする。」

サム「では、このわしはどうすればいいんだ。」

ソロー「保安官をやめたらいいじゃないか。」[31]

サムは怒ってソローを郡の牢獄にいれてしまう。もっともその夜、おそらくは彼の叔母が彼の意に反して税金をはらってしまったので、彼は一夜で出獄することになる。

こうした出来事にふれたエッセイ「市民の反抗」（一八四九年）は、次の言葉からはじまっている。

「『統治することのもっとも少ない政府こそ最良の政府である』というモットーを、私は心からうけいれるものである。……それが実行にうつされるならば、とどのつまりは『まったく統治しない政府が最良の政府である』ということになり、これまた私の信念にかなうわけである。」[32]

ソローによれば「政府とは、人びとがたがいに干渉しあわないでうまく暮らしていくための、ひとつの方便にほかならない。」それゆえ政府の暴虐と無能が目にあまる場合、その政府への忠誠を拒否し、それに抵抗する権利があるのであって、「アメリカ国民は、たとえ国家の存立にかかわるとしても、奴隷を所有することと、メキシコに戦争をしかけることをやめなければならない。」

そこでソローは税金の不払いを提案する。たとえそれが少数派であるとしても、「少数派が全力をあげて妨害するとき、彼らにかなうものはいない。もし、すべての正しい人間を獄中にとじこめておくか、それとも戦争および奴隷制度を放棄するかの二者択一をせまられたならば、国家は選択をためらわないだろう。……かりに千人が今年の税金を支払わないとしても、それは税金を支払うことによって国家に暴力をふるわせ、無実の血をながさせることほどには、暴力的で血なまぐさい手段であるとはいえないだろう。事実、もし平和革命が可能だとすれば、これこそが平和革命の定義である。(33)」

この講演の最後にソローは次のように予言する。「国家が個人を、国家よりも高い、独立した力として認識し、国家の力と権威はすべて個人の力に由来すると考えて、個人をそれにふさわしく扱うようになるまでは、真に自由な文明国はけっしてあらわれないであろう。(34)」

現代におけるソローの影響

一八四八年にコンコードでおこなわれたソローの講演を記録したこのエッセイは、二〇世紀になって全世界で読まれるようになった。それは二〇世紀のはじめロシアのトルストイ（Lev Nikolaevich Tolstoi, 1828-1910）に影響をあたえ、また、インドの独立運動を指導したＭ・ガンジー（Mahatma Gandhi, 1869-1948）は、彼の非暴力不服従運動を展開するにあたって、このエッセイを肌身はなさずもちあるいていたという。さらにそれは第二次世界大戦中の反ナチズムの抵抗運動や、Ｍ・Ｌ・キング（Martin Luther King, Jr., 1929-68）が指導したアメリカの黒人公民権運動、ベトナム反戦運動などにも大きな影響をあたえた。その一例を次に紹介する。

キング牧師（1963年，ワシントンD. C.）

M・L・キング牧師の演説

一九四四年、M・L・キングは大学生のときにこのエッセイを読み、やがて自分の非暴力的な黒人差別反対運動に役だてた。一九六三年八月二八日、公民権運動のひとつとして二五万人が参加したワシントン大行進において、M・L・キング牧師は次のような演説をした。

「私には夢がある。いつの日にか、かつての奴隷の子どもたちと、かつての奴隷所有者の子どもたちが、ジョージアの赤土の丘の上で兄弟としてともに食卓につくときがくるであろう。……

私には夢がある。いつの日にか、私の四人の小さな子どもたちが肌の色によってではなく、その人格の内容によって評価される国に住むときがくるであろう。……こうした信念によってこそ、われわれはいつの日かかならず自由になれるという確信をもって、ともにはたらき、ともに祈り、ともに闘い、ともに牢獄にはいり、ともに自由のために立ちあがることができるであろう(35)。」

この主張はその精神において、一〇〇年以上もまえのソローの講演「市民の反抗」を黒人の立場からそのままうけついだものといえるであろう。

第1章　注

（1）有賀貞・大下尚一・志邨晃佑・平野孝編『アメリカ史　1』山川出版社、一九九四年、七一—八頁。

（2）たとえば上陸直前の契約書には次の文章がある。

「今後これにもとづき、植民地一般の幸福のためもっとも適当と認められるところにより、随時、正義公平な法律、命令書を発し、憲法を制定し、また公職を組織すべく、私たちはすべてこれらにたいし、当然の服従をすべきことを誓約する。」（『原典アメリカ史』岩波書店、一九五〇年、第一巻、一二二—三頁）

（3）嘉治真三「社会経済史的背景」、阿部行蔵編『アメリカ思想史　第一巻』日本評論社、一九五〇年、一一頁。

（4）阿部齊「アメリカ合衆国の成立と発展」、阿部齊編『北アメリカ』自由国民社、一九九九年、二二一—三頁。

（5）鵜飼信成「独立」、阿部行蔵編、前掲書、一五〇—三頁、参照。

（6）明石紀雄・飯野正子著『エスニック・アメリカ』有斐閣、一九九七年、六八頁。

（7）M. G. J. Crèvecœur, Letters from an American Farmer, Albert and Charles Boni, 1925, pp. 54-5.

（8）The Journals and Miscellaneous Notebooks of R. W. Emerson, Belknap, 1971, pp. 299–300. (Cf. Vincent N. Parrillo, Diversity in America, Pine Forge Press, 1996, p. 10.)
（9）I. Zangwill, The Melting Pot, Ams Press, 1969, pp. 184-5.
（10）阿部齊編著、前掲書、八三―七頁、参照。
（11）同書、七八―八三頁、参照。
（12）同書、一〇四―九頁、参照。
（13）同書、一〇九―一一四頁、参照。
（14）同書、一三四頁。
（15）宮本倫好『アメリカを動かす！　深層人脈』旬刊　世界と日本、一〇四六号、株式会社内外ニュース、二〇〇五年、三六―七頁。
（16）明石紀雄・他著、前掲書、九頁。
（17）H. M. Kallen, Culture and Democracy in the United States, Transaction Publishers, 1998, pp. 116-7.
（18）これは「哲学は人生の道案内」という意味のギリシア語の頭文字をとったもので、合衆国でもっともふるいフラタニティー（男子学生クラブ）である。アメリカ各大学の支部で講演会などの催しをおこなっている。
（19）この言葉はハーヴァード大学生理解剖学教授で詩人でもあったO・W・ホウムズ一世(Oliver Wendell Holmes, Sr., 1809-94) によるものである。(Cf. O. W. Holmes, Sr.,

Ralph Waldo Emerson, 1884, Chap. 4.)

（20）R. W. Emerson, 'The American Scholar', in Emerson's Essay and Some Critical Views, Dodd, Mead, and Co., 1970, p. 13.（酒本雅之訳『エマソン論文集（上）』岩波文庫、一九七二年、一一三—四頁）

（21）Ibid., p. 21.（酒本訳、一三一頁）

（22）Ibid., pp. 21-2.（酒本訳、一三二頁）

（23）Ibid., p. 21. 傍線イタリック。（酒本訳、一三一頁）

（24）Ibid., p. 27.（酒本訳、一四五頁）

（25）Ibid., pp. 29-30.（酒本訳、一四七—九頁）

（26）H. D. Thoreau, Walden, or Life in the Woods, in Thoreau : Walden and Other Writings, Bentham Books, 1980, p. 172.（飯田実訳『森の生活　上』岩波文庫、一九九八年、一六二—三頁）

（27）Ibid., p. 117.（飯田訳、三四頁）

（28）Ibid., p. 116.（飯田訳、三〇頁）

（29）イギリスの詩人 William Habington（1605-54）の詩からの引用。

（30）Op. cit., pp. 341-2.（飯田実訳『森の生活　下』岩波文庫、一九九八年、二七〇—二頁）

（31）Cf. H. D. Thoreau, 'Civil Disobedience', in Op. cit., Bentham Books, p. 94.（飯田実訳『市民の反抗』岩波文庫、一九九七年、三二頁）

（32）Ibid., p. 85.（飯田訳、八頁）
（33）Ibid., p. 94.（飯田訳、三一―二頁）
（34）Ibid., p. 104.（飯田訳、五四頁）
（35）Martin Luther King, Jr., I Have a Dream, Writings and Speeches that Changed the World, Harper Collins, 1992, pp. 104-5.

第2章　プラグマティズムの登場

1　「一九世紀の悪夢」とマーク・トウェインのペシミズム

実証科学と決定論

一九世紀は実験と観察にもとづいて理論を構成する実証的な近代科学がめざましい発展をとげた時代である。一八世紀のおわりごろから一九世紀の前半にかけて、たとえば光素、熱素、フロギストン（燃素）、生命の霊気など、量であらわすことのできない神秘的な「不可量物質（imponderabilia）」という概念が破棄され、宇宙的なものにせよ、地上的なものにせよ、ありとあらゆる出来事をひとつのつながりあるものとしてとらえる傾向が生じた。(1)

それはまたP・S・ラプラス（Pierre Simon de Laplace, 1749-1827）の『確率の分析的試論』（一八一二年）がしめすように、自然界のすべての粒子の位置と運動量を把握し、そのデータを力学的に計算する能力がありさえすれば、過去と未来のすべての出来事を予測することができるという決定論を活気づけるものでもあった。

思想界における「一九世紀の悪夢」

こうした近代科学の発達は、思想界に、一方では、事実の重視、もしくは具体的経験の尊重、という観念をもたらすとともに、他方では、イギリスの生物学者T・H・ハクスリー（Thomas Henry Huxley, 1825-95）がいうように、「物質と因果性の領域を拡大することによって、人間の思想の全領域から、いわゆる精神と自発性をじょじょに追放してしまう」(2)のではないかという不安感をもたらした。

このことは、宇宙を決定されたメカニズムとしてとらえ、人間をたんなるあやつり人形とみなすことを意味する。そしてまたこのことは、進化の根底に生存競争をおくC・ダーウィン（Charles Darwin, 1809-82）の進化論（『種の起源』一八五九年）や、宇宙のエネルギーが均一に拡散してしまうことから究極には活力のない世界が到来するという、R・J・E・クラウジウス（Rudolf Julius Emanuel Clausius, 1822-88）によって提唱された熱力学における「エントロピー増大の原理」（一八六五年）などとあいまって、いわゆる「一九世紀の悪夢」(3)をうみだした。すなわち、一方では、そうした冷酷な事態にかんする理論的な確信と、他方では、それにたいする情緒的な反動ともいうべき気分との奇妙な複合をうみだしたのである。このことを考慮にいれなければ、一九世紀後半から二〇世紀初頭にかけての思想状況が十分に理解されないであろう。

晩年のマーク・トウェイン

たとえばユーモラスな短編『ジム・スマイリーとその跳び蛙』(一八六五年)が評判となって以来、作家として登場し、『トム・ソーヤの冒険』(一八七六年)、『ハックルベリー・フィンの冒険』(一八八五年)などの明るい開放的な冒険物語で世界的に有名になったマーク・トウェイン (Mark Twain, 1835-1910) が、一八九〇年代以降、決定論的なペシミズムにおちいるのは、

(1) 出版事業の倒産、娘たちの死、妻の大病という個人的な事情や、
(2) 合衆国におけるフロンティアの消滅にともなう、自由とかぎりない進歩にたいする幻想の喪失といった社会的状況のほかに、
(3) 「一九世紀の悪夢」という思想的な背景が一因となっていることを見のがすことができない。

マーク・トウェインの『人間とはなにか』

一八九〇年代に起稿され、一九〇六年に出版されたこの物語は、ある老人と青年の対話から構成されているが、その一節はこうである。

「青年：いよいよ人間の話になりましたね？
老人：そうさ。人間すなわち機械――人間もまた非人格的な機械にすぎない……つまり外の力によってうごかされ、みちびかれ、そして強制的に左右されるわけだ――みずからつくりだすものなんて、なんにもない。考えることひとつにしてからだな。
青年：……じゃ、かりにぼくが、あなたのおっしゃってることなんか、すべてナンセンスだと考えたとする、その考えは、いったいどこからきたんです？
老人：……いいかね、君がそう考える、その根拠になった材料そのものもけっして君自身がつくりだしたものではない。要するにそれは、無数の書物、無数の会話、そしてまた何百年という祖先たちの心、頭脳からながれだして、君の心、頭脳にそそぎこんだ思想や感情の流れ、そういったものから無意識にあつめられた、思想や印象や感情のガラクタでしかない。(4)」
そしてこの物語の最後は、老人の人類にかんする次のような結論でおわっている。
「老人：……要するに、この人類ってやつ、実に天下太平だ。……どんな信心だろうと、そんなことはかまわない。たとえ祭った神が虎だろうと、鰯の頭だろうと、そんなことはおかまいなし。とにかく幸福で、感謝好きで、得意満面だ。いわばどうしようもないほど天下太平なのさ。……いくらわしが彼等のまえに、冷酷無惨な事実をならべたてたところで、はたして彼等のお目出たさをとりさることができるかどうか、あやしいもんだ。……だから、なにも心配することはない。[5]」

以上のように晩年のマーク・トウェインの決定論的な思想に表明された、一方には冷酷な事実、他方には楽天的な宗教、という構図は次の節でみるように、一九世紀末に登場した、W・ジェイムズ（William James, 1842–1910）のプラグマティズムにはっきりとしめされている。

2 ジェイムズのプラグマティズムの登場

哲学とパースペクティヴ（物の見方）

ジェイムズは、一九〇七年に出版された主著のひとつ『プラグマティズム』の第一章「哲学における今日のディレンマ」で、次のようにいっている。

「下宿屋の女主人が下宿人の品定めをするとき、住居人の収入を知ることは重要であるが、それにもまして重要なのは彼の哲学を知ることである。まさに敵とたたかおうとする将軍にとって、敵の勢力を知ることは重要であるが、しかし敵の哲学を知ることのほうがよりいっそう重要なことであると思われる。[6]」なぜなら各人の哲学がその人のパースペクティヴ（perspective, 物の見方）を規定し、その人のふるまいをかなりの部分にわたってきめてしまうからである。たとえばある下宿人は、その哲学からして家賃を平気で滞納するであろうし、また敵の哲学次第では、降伏するよりも最後まで砦を死守するほうをえらぶ敵とたたかうこととなる。

固い心の人と柔らかい心の人

ジェイムズによれば、人間にはどちらかといえば、「固い心の人（the tough-minded）」と「柔らかい心の人（the tender-minded）」のふたつのタイプがある。前者の哲学は経験論であって、事実を重んじ、唯物論にかたむいて宗教を否定し、私たちの行為もふくめてすべての出来事は決定されていると考える傾向がある。これにたいして後者の哲学は合理論であって、原理を重んじ、観念論あるいは唯心論にかたむき、宗教を重視して、人間は自由意志によって自発的に行為すると考える。

さて、一九世紀末までの自然科学の発展は人びとの哲学に深刻な影響をあたえた。ジェイムズはこうのべている。「過去一五〇年間にわたる科学の進歩は、結局、物質界を拡張し、人間の地位をひきさげることであったように思われる。そのために自然主義的感情、もしくは実証主義的感情ともいうべきものが成長した。人間は自然にたいする立法者ではなく、自然の受容者である。自然こそ厳としてうごかぬものであり、人間はこれに順応すべきものである。人間は、たとえ冷酷無惨な真理であろうと、それを記録し、それに服従すればよいのである。自発性とか決意といった空想は過去のものである。……高遠な心は、低劣な物質によって説明され、まったく下等な種類にぞくする別のものでしかない。……これがつまり唯物論的世界であり、固い心の人はそこにくつろぎを感じるであろう。(7)」

しかしこれはあまりにもかたよった考えかたであって、柔らかい心の人はもとより、それほど固い心をもたない大半の人びとの不安をよびおこさずにはおかず、そこにディレンマが生じる、とジェイムズは考える。彼はこういっている。

経験論と合理論

「諸君はふたつの事柄を結合せしめるようなひとつの体系を要求している。すなわち一方においては、事実にたいする科学的忠実さと、事実をすすんで尊重しようとする熱意、……もうひとつは、人間的価値にたいするふるくからの信頼、およびこの信頼から生ずる人間の自発性である。……そしてこれが、つまり諸君のディレンマなのである。すなわち諸君は、諸君のもとめるもののふたつの部分が分離してしまって如何ともしがたいのをみいだす。一方には、冷酷さと宗教否定をともなう経験論があるかと思えば、他方には合理論があり、これはたしかに宗教的であると自称しうるであろうが、しかし具体的な事実や喜びや悲しみとのあらゆる接触を排斥するのである。(8)」

そして彼は、このディレンマの解決にむけて次のように主張する。

「私自身の解決法が登場するのは、まさにこの点である。私は両方の要求を満足させることのできるひとつの哲学として、プラグマティズムという奇妙な名前のものを提唱する。それは、もろもろの合理論と同様に宗教的であることをやめないが、しかしそれと同時に、もろもろの経験論のように事実とのもっともゆたかな接触をたもつことができる。[9]」

ジェイムズの「プラグマティック・マクシム」

そこでジェイムズはプラグマティズムの原理を紹介するのであるが、実はこれは、後にくわしくみるように、数十年前にC・S・パース（Charles Sanders Peirce, 1839–1914）によってはじめてとなえられた「プラグマティック・マクシム（プラグマティズムの格率）」である。ジェイムズはそれを次のように紹介する。「ある対象についての私たちの考えを完全に明晰にするためには、その対象が実際的などんな結果をふくんでいるか、――いかなる感覚がその対象から期待されるか、そしていかなる反応を用意しなければならないか、を考えさえすればよい。こうした結果がすぐに生じるものであろうと、ずっと後におこるものであろうと、こうした結果についての私たちの概念が、その対象にかんする私たちの概念のすべてである。[10]」

哲学上のさまざまな論争も、それぞれの考えの具体的な結果をたどるという、いとも簡単なテストにかけてみると、いかに多くのものがたちどころに意味のないものになってしまうか、それはじつに驚くべきほどであるとジェイムズはいって、次のような例をあげている。

たとえば、固い心の人は唯物論にかたむき、神の存在を否定するのにたいして、柔らかい心の人は唯心論にかたむき、有神論をとる。そこでたがいに対立する唯物論と有神論の主張のそれぞれの具体的結果をたどると次のようになる。すなわち唯物論は、世界がどのようにして物質のはたらきから生じてきたかをしめすし、有神論は、神がどのように世界を創造したかをしめすであろう。しかし現実に経験される世界は、どちらの仮説の上にたってもすべての点で同一である。現実の世界は厳然としてここにあり、この世界の原因を物質としたところで、世界の一部をとりけせるものではなく、また神をその原因としたところで、世界になにかをくわえることができるものでもない。つまり、ひとたび芝居がおわると、その作者がとるにたらない三文文士であろうと、あるいはまたすばらしい天才であろうと、芝居の内容にかわりがないのと同様である。こうして唯物論と有神論のどちらの仮説をとるにせよ、仮説から帰結する結果にかわりがないとすれば、両者の論争はまったく意味のない無駄なものであることがわかるであろう、とジェイムズはいう。

しかしジェイムズは、つづけて次のように主張する。唯物論と有神論は過去をふりかえる観点から比較すると違いはないが、未来を展望する見地からみると、まったくちがった経験をさししめしている。すなわち、唯物論は私たちを機械としてとらえるゆえ、私たちの心がいだいている理想は物質とその動きによるものであって、いずれは消滅してしまう運命にある。このことについてジェイムズは、当時の有名な政治家でかつ哲学者でもあったA・J・バルフォア（Arthur James Balfour, 1848-1930）の著作『信仰の基礎』（一八九五年）からおよそ次のような意味の文章を引用する。いずれこの宇宙のエネルギーはおとろえ、太陽もその輝きをうしない、地上では潮の干満もなくなってしまうときがくる。そのとき人類はもはや生息できなくなるであろう。人間は深淵のなかにくだってゆき、そのすべての思想はほろんでしまう。人間の労力と献身と苦難がながい年月をかけて実現しようとしてきたものが、すべて無意味となってしまうであろう。

しかしジェイムズによれば、神の観念は、機械論的な唯物論がもちいる数式にもとづく理論にくらべると、明瞭さにおいては劣っているけれども、少なくともそれを信じるものにたいして、永遠に保持されるべき理想的秩序を保証するという点においては、数学的観点よりもまさっている。なぜなら、私たちはたとえば現実に世界各地でおこっている大地震のような被害にいつあうかもしれず、また突然、交通事故のような個人的な不幸にみまわれることもありうる。しかし有神論の立場にたつとき、神が心にえがく永遠の秩序のもとでは、こうした悲劇は一時的なものにすぎず、被害も不幸も、けっして終極的なものではない。ダンテ（Dante Alighieri, 1265-1321）やワーズワース（前出三四頁）は、そうした秩序の確信に生きた詩人であり、彼らの詩が私たちにはげましと心の安らぎをあたえてくれるのは、このことによるものである。「したがってここに、すなわち唯物論と唯心論［もしくは有神論］のことなった情緒的、実際的な訴えに、あるいは私たちが希望と期待のなかでとる具体的な態度の違いに、そしてこうした違いからうまれるあらゆる微妙な結果に、唯物論と唯心論［もしくは有神論］の本当の意味がある」[11]とジェイムズは力説する。

プラグマティック・マクシムの適用——科学と反科学の調停

こうしてジェイムズは、一方では、プラグマティック・マクシムを一九世紀の自然科学が推進した機械論的、唯物論的な理論に適用し、それらの理論からみちびきだされるさまざまな帰結をその意味とすることによって、事実にもとづく理論的な信念が有意味であることをみとめる。しかしそれと同時にジェイムズは、有神論にもプラグマティック・マクシムを適用することによって、有神論がそれを信じるものにあたえる心の安らぎなどをその意味とすることによって、「科学にたいする情緒的反動」[12]ともいうべき有神論もまた有意味であることをみとめたのである。まさにこれこそが、ジェイムズ自身がいうように、科学と反科学の「両方の要求を満足させることのできるひとつの哲学」（前出五八頁）であった。

3 「プラグマティック・マクシム」の原型――パースのプラグマティズム

ジェイムズによるパースの紹介

ジェイムズのプラグマティック・マクシムは、実は一八七〇年代のはじめC・S・パースが最初にとなえたものにもとづいている。それは、一八九八年カリフォルニア大学の哲学会におけるウィリアム・ジェイムズの講演「哲学の概念と実際の結果」をきっかけにして世界的に有名になった。

当時ハーヴァード大学の哲学および心理学の教授として有名であったジェイムズは、この講演で哲学界ではまったく無名にちかいパースを紹介して次のようにのべた。

「私はみなさんとともに、真理の道に旅だつのにもっとも有望と思われる方向を見定めてみたい。この方向は、何年かまえにあるアメリカの哲学者によって私にしめされた。彼はアメリカ東部の住人であり、あれこれの雑誌に散見される、わずかばかりの印刷された業績は、けっして彼の実力を適切に表現したものではない。その哲学者というのはチャールズ・S・パース氏である。そういう哲学者がいるということさえ、みなさんはおそらくご存じないかもしれないが、彼は現代の思想家のなかでももっとも独創的な人物のひとりである。彼の主張するプラクティカリズムの原理は、私たちが真理の道からそれないための手がかりであり、指針である。私は自分でこの道にしたがってみて、ますますその確信をふかめた。ただし一八七〇年代のはじめ、マサチューセッツ州ケンブリッジで彼がその原理を発表するのを私がはじめてきいたとき、彼はこれをプラグマティズムと名づけた。[13]」

ここでジェイムズが言及しているパースの「プラクティカリズムの原理」は、雑誌「ポピュラー・サイエンス・マンスリー」(一八七八年)に掲載された論文「私たちの観念を明晰にする方法[14]」で公表された。しかしそれに先だつ数年まえ、七〇年代のはじめ、ジェイムズやパースの書斎でハーヴァード大学の若い卒業生たちによってほぼ二週間おきにひらかれた会合「形而上学クラブ[15]」において、パースがこの原理を口頭で発表し、ジェイムズにふかい感銘をあたえたのである。

パースの「プラグマティック・マクシム」

論文「私たちの観念[16]を明晰にする方法」は、論理学を有効なものにするための提案であった。パースはこういっている。「論理学が私たちにまずおしえるべきテーマは、概念を明晰にする方法である。このテーマはきわめて重要なものであるにもかかわらず、この方法を欠いた人たちがかえってこれを軽視している。自分がなにを考えているかを知り、自分のもちいている概念の意味を自由につかいこなせるようになるということは、すぐれた、重みのある思想を形成するためのしっかりした基礎をつくるだろう。この方法は、概念のたくわえが貧弱で、せまい範囲にかぎられている人びとでさえ、きわめて容易に修得することができるが、もしそれができれば、概念過剰の泥沼のなかで、むやみにもがいているような人にくらべて、はるかに幸せとなるだろう。[17]」

そこでパースは、概念を明晰にし、その意味を明確なものとするためには、次のようなマクシム（格率、まもるべき規則）にしたがえばよいと提案する。

「私たちの概念の対象が、実際的なかかわりがあると思われるどのような結果をおよぼすと私たちが考えるか、ということをかえりみよ。そのとき、こうした結果にかんする私たちの概念が、その対象にかんする私たちの概念のすべてである。[18]」

その適用例――「固い」と「重い」

これがパースの「プラグマティック・マクシム（プラグマティズムの格率）」であり、ジェイムズが「プラクティカリズムの原理」として紹介したものである。パースはできるだけ単純な実例をあげて、この格率を説明している。すなわち「あるものを固い」というとき、私たちが、なにを意味しているかといえば、「固い」といわれる対象には、他のものでひっかいても傷がつかない、ということである。また「ある物体が重い」ということは、その物体に上向きの力をくわえなければ、それは下におちる、ということを意味している。物理学者が「重い」という言葉をつかうとき、その物体のおちかたにかんするくわしい叙述が念頭にあるのだが、それを一応無視すれば、右にのべたことが「重さ」という概念のすべてである。重力という力によって私たちが意味していることは、そうした力によって生じる結果のなかに完全にふくまれている。[19]

その適用例──「力」の概念

こうしてパースによれば、力とは「運動の変化」であり、「加速度」にほかならない。そして「力は加速度である」というべきか、それとも「力は加速度をひきおこす」というべきかということは、たんに言葉のつかいかたの問題でしかない。寒さをいいあらわすのに、英語で It is cold.（直訳すれば「それは寒くある」）といっても、フランス語で Il fait froid.（直訳すれば「それは寒くする」）といっても、意味がひとしいのと同様である。[20]

プラグマティック・マクシムと「論理実証主義」

以上のようなプラグマティック・マクシムの適用例からもわかるように、概念の意味はつねに「実際的なかかわりのある結果」とむすびつけて考えられる。固いものはもし「ナイフで切りつければ」、ナイフの刃のほうがボロボロになるが、そのものには傷がつかない。重いものは「支えをとれば」、おちる。あるものに「力をくわえれば」、うごいているものについては、速度が変化して、はやくなるか、それともおそくなってやがて静止する。

静止しているものについては、速度がゼロから変化してうごきだす。このように「もし……すれば」でしめされる行動は、それぞれの概念にたいする実験条件をさしており、実験をおこなうことによってしかじかの結果が観察されることを予期している。そしてこうした実験と観察を考えることのできない概念は、「無意味」な概念としてしりぞけられるのである。(21)

一八七〇年代のはじめに公表されたパースの提案は、ほぼ半世紀後の一九二〇年代にモーリッツ・シュリック(Moritz Schlick, 1882-1936)を中心として形成され、一九二九年に哲学運動として名のりをあげた「ウィーン学団」や、その同調者たちを総称する「論理実証主義(logical positivism)」あるいは「論理的経験主義(logical empiricism)」の主張を先どりするものである。(22) 論理実証主義によれば、哲学の仕事は本質的には、命題の意味を明晰にすることにある。そして命題の意味を明晰にするためには、具体的な感覚をもたらすような経験的手段を規定すればよく、こうした経験的手段を規定できない命題は無意味である。いいかえれば、命題の意味はその検証方法にほかならない。——これが有名な「意味の検証理論(the verification theory of meaning)」である。

ここでパースの例にそくしていえば、「あるものが固い」という命題については、「そのものにナイフで切りつけても傷がつかない」かどうかを確かめることが、その命題の検証方法であり、したがってまたその命題の意味である。同様に、「あるものが重い」という命題については、「そのものの支えをとればおちる」かどうかを確かめることがその命題の検証方法であり、また意味である。この点ではパースも論理実証主義もおなじことを主張している。こうして、パースのプラグマティック・マクシムが、半世紀もまえに「意味の検証理論」を先どりするものであったことが理解できるであろう。

第2章　注

（1）Cf. Friedlich Dannemann, Die Naturwissenschaften in ihrer Entwicklung und ihrem Zusammenhange, W. Engelmann, 1920.（安田徳太郎編・訳『ダンネマン大自然科学史』第一〇巻、三省堂、一九七九年、二四八―九頁、参照）
（2）T. H. Huxley, Collected Essays, Vol. 1, 1893, p. 159.
（3）W. B. Gallie, Peirce and Pragmatism, Perican Books, 1952, pp. 23-4.
（4）Mark Twain, What is Man?, Gabriel Wells, 1923, p. 5.（中野好夫訳『人間とは何か』岩波文庫、一九九八年、一三頁）
（5）Ibid., pp. 108-9.（中野訳、一七三―四頁）

（6）William James, Pragmatism, Longmans, Green, and Co., 1907, p. 3.（桝田啓三郎訳『プラグマティズム』ウィリアム・ジェイムズ著作集、第五巻、日本教文社、一九六〇年、三頁）

（7）Ibid., p. 16.（桝田訳、一四頁）

（8）Ibid., p. 20.（桝田訳、一七頁）

（9）Ibid., pp. 32-3.（桝田訳、二七頁）

（10）Ibid., pp. 46-7.（桝田訳、三七頁）

（11）Ibid., p. 107.（桝田訳、八五頁）この文章は、ジェイムズのプラグマティズム宣言として有名な講演「哲学の概念と実際の結果」（一八九八年）からとられたものである。そこでは「有神論」となっている。（注（13）参照）

（12）W. B. Gallie, Op. cit., p. 24.

（13）'Philosophical Conceptions and Practical Results', 1898, The Works of William James, Pragmatism, Harvard University Press, 1975, p. 258.

この論文は、一八九八年八月二六日、カリフォルニア大学での哲学会における講演であるが、ジェイムズのプラグマティズム宣言として有名であり、一九〇四年に最初の部分を省略して「プラグマティズムの方法」と題して、The Journal of Philosophy, Psychology, and Scientific Method にのせられた。文章の一部は彼の主著である『プラグマティズム』（一九〇七年）のなかでもほとんどそのままもちいられている。

(14) 'How to Make Our Ideas Clear', in Popular Science Monthly (1878), Collected Papers of Charles Sanders Peirce, Harvard University Press, Vol. 5, Paragraph 388-410.（上山春平編・訳『パース・ジェイムズ・デューイ』世界の名著、第四八巻、中央公論社、一九六八年、七六―一〇二頁）なおパースの原文の引用箇所は、パース全集（全八巻）の巻数とパラグラフの数字でしめすのが慣例となっている。したがってこの場合は、5. 388-410 となる。

(15) 'Metaphysical Club' という名称には、多少の皮肉がこめられている、とパースはいう。(5. 12) ジェイムズとパースのほかに、当時すでにアメリカの哲学界で有名になっていた、ダーウィン主義者でかつ功利主義者のチョンシー・ライト（Chauncey Wright, 1830-1875）、後に米国最高裁判事となったオリヴァー・ヴェンデル・ホウムズ二世（Oliver Wendell Holmes, Jr., 1841-1935）、弁護士のジョゼフ・ウォーナー（Joseph Warner）、アレグザンダー・ベイン（Alexander Bain, 1818-1903）の研究者であり、J・ベンサム（Jeremy Bentham, 1748-1832）の功利主義の支持者でもあったニコラス・セイント・ジョン・グリーン（Nicholas St. John Green, 1835-1876）の四名が常連であった。そのほか、H・スペンサー（Herbert Spencer, 1820-1903）およびダーウィン（前出五二頁）の影響のもとに『宇宙哲学概説』（Outlines of Cosmic Philosophy）を書き、後にハーヴァード大学で歴史と哲学をおしえたジョン・フィスク（John Fiske, 1842-1901）、後にハーヴァード大学で哲学をおしえ、『三段論法的哲学』（The Syllogistic Philosophy）を出版したアボット（Francis Ellingwood Abott, 1836-1903）がときどき会合にくわわった。アボットについては、パースがジェイムズあての手紙（一九〇四年一〇月三日付）で、「私がこれまで出あったもっとも強力な思想家のひとり」と評価している。なお「形而上学クラブ」のメンバーおよびその思想については、鶴見俊輔著『アメリカ哲学』（講談社学術文庫、一九八六年）がくわしい。

（16）「観念（idea）」とは、たとえば「いいアイデアがうかんだ」というように、いわば私たちの頭のなかにある「考え（thought）」である。この考えを、たとえば「人は死ぬものである」といいあらわすとき、この文章は「命題（proposition）」「判断（judgment）」「陳述（statement）」「言明（assertion）」あるいは「文（sentence）」等々、学者によってさまざまによばれる。この場合、たとえば「人」、「死ぬもの」は通常「概念（concept）」とよばれるが、とくにパースやジェイムズにおいては「観念」は、こうした概念をもさす言葉として、ひろい意味でもちいられている。

なお、あとでのべるように、パースは「私たちがそれにもとづいて行為する用意のある観念」を「信念」（belief）もしくは「意見」（opinion）とよぶ。（Cf. 5. 377. 上山訳、六三頁、参照）

（17）5. 393.（上山訳、七九―八〇頁）

（18）5. 402.（上山訳、八九頁）

（19）5. 403.（上山訳、九一頁）

(20) 5. 404.（上山訳、九四頁）

(21) 一九〇五年、雑誌「モニスト」に掲載された論文「プラグマティズムとはなにか」でも、パースは次のようにのべている。「典型的な実験家なら、あなたが彼に対してどんな言明(assertion)をしようとも、その言明を次のような意味に理解するであろう。すなわち、ひとつの実験のための一定の指示を実行にうつすことができ、しかも実行にうつしたときに一定の経験を得ることができる、と。そしてそのような意味には理解できないとき、彼はあなたの言明を無意味なものとみなすであろう。」(5. 411.)

(22) たとえば次を参照。Joergen Joergensen, The Development of Logical Empiricism, University of Chicago Press, 1951, pp. 55, 61.

第3章　パースの「探究」と真理

1　パースの生涯(1)

おいたち

パースは、一八三九年、ハーヴァード大学の数学および天文学教授ベンジャミン・パースの次男として、マサチューセッツ州ケンブリッジにうまれた。パース家の祖先はイギリスからわたってきた清教徒であるが、母は上院議員の娘であり、兄は後にハーヴァード大学の数学教授となった。

父ははやくからパースの天分をみとめ、特別の教育をほどこした。その結果、八歳のときから独力で化学の実験をはじめ、一二歳のとき自分専用の化学実験室をつくってもらい、一三歳のとき、R・ホエイトリー（Richard Whately, 1787-1863）の『論理学要綱』をほぼ完全に理解した。一八五九年（二〇歳）、クラス最年少でハーヴァード大学卒業。一八六一年（二二歳）、ハーヴァード大学のローレンス科学学校に入学。同年、在学のまま合衆国沿岸測量部に就職。以後三〇年間、沿岸測量部に在職したが、その間、ハーヴァード大学付属天文台の助手（一八六九―七五年）として測光に従事し、光の波長を測量の単位としてもちいる方法を考案した。一八六二年、修士、翌年、化学の分野で科学士、の学位を取得する。

哲学への関心

このようにパースは、実験科学者として教育をうけ、またそれによって生計をたてたの

C. S. パース（1880年代初期）

であるが、哲学への関心は若いときからあり、一八五五年ハーヴァードに入学した年にJ・C・F・シラー（Johann Christoph Friedrich von Schiller, 1759-1805）の『美学書簡』を読み、さらにカント（Immanuel Kant, 1724-1804）の『純粋理性批判』を三年あまり毎日二時間ずつ読んで、ほとんど暗記するまでになったという。

一八六四年（二五歳）から翌年にかけて、ハーヴァード大学で科学哲学の連続講演をおこない、また六六年から六七年にかけてロウエル協会で「科学の論理と帰納法」という講演をするなど、若いころから学問的能力をみとめられながら、ジョンズ・ホプキンス大学での論理学の講師（一八七九―八四年）以外には教職につくことができなかったのは、世間になじまない気むずかしい性格によるものと思われる。一八六三年（二四歳）、三つ年上の女性と結婚したが、八三年（四四歳）に離婚し、その後まもなくフランスの女性と再婚した。

ミルフォードにおける隠棲

一八八七年（四八歳）、わずかばかりの遺産を手にしたパースは、ペンシルヴァニア州のミルフォードに住居をうつし、その三年後には沿岸測量部の仕事からも手をひいて、思索と執筆活動に専念する。すなわち『センチュリー辞典』（全六巻、一八八九―九一年刊行）や『哲学・心理学事典』（全三巻、一九〇一―五年刊行）への執筆や、雑誌「モニスト」への論文寄稿、雑誌「ネイション」における新刊書評などで生計をたてた。新刊書評ではさまざまな分野の本をよみ、毎日二〇〇〇語ずつ書いた。しかし生活は苦しく、借金とりからのがれるために、はしごで屋根裏部屋にのぼったあとは、はしごをひきあげて執筆をつづけたという。

一九〇九年（七〇歳）、初期癌になやまされ、モルヒネで痛みをやわらげながら執筆活動をつづけたが、一九一四年（七五歳）、さまざまな分野にわたるきわめて独創的な思想をひろく世間からみとめられることもなく、失意のうちにこの世をさった。

膨大な量の論文、書評および草稿をのこしながら、生前に刊行された書物はわずかに『測光の研究』ハーヴァード大学天文台年鑑、第九巻（一八七八年）のみである。彼のとりあつかったテーマは、哲学、論理学、数学、測量学、天文学、化学にとどまらず、心理学、言語学、宗教、心霊研究、犯罪学、科学史、古代史、エジプト学等々におよぶ。そして彼の死後二〇年近くたった一九三一年からやっと『パース論文集』（六九頁、注（14）参照）が刊行されはじめ、一九五八年に全八巻が完結した。また一九八二年より、執筆年代順に編集された『パース著作集』(2)が刊行されつつある。

2　思考と行動のむすびつき

パースの先駆的な提案であるプラグマティック・マクシムの背景には、思考と行動のむすびつきを重視する基本的な姿勢があることに注目する必要がある。論文「私たちの観念を明晰にする方法」（前出六三頁）でパースは次のようにいっている。「思考のはたらきは、疑念（doubt）という刺激によって生じ、信念（belief）が得られたときに停止する。したがって信念をかためることが思考の唯一の機能である。[3]」そしてパースによれば、疑念とは、問いの大小にかかわらず、「なんらかの問いを発すること」であり、信念とは、「問いの解決」である。

「疑念」から「信念」へ

ここでパースのあげている例を現代風におきかえるとこうである。たとえば電車にのるために、切符販売機で五〇〇円の切符を買うとする。財布をとりだしてなかをのぞいてみると、五〇〇円のコイン一つと一〇〇円のコイン五つがはいっている。[4]さてこのとき五〇〇円のコインを一度だけいれるか、それとも一〇〇円のコインを五回いれるか、一瞬ためらうであろう。そこで思考のはたらきが生じる。たとえば、ポケットが少しでも軽くなるように、一〇〇円のコインをつかってしまおうとか、それだと手間がかかるので、五〇〇円一度きりのほうがいい、といった信念が形成され、それにもとづいて行動がおこなわれる。

このように「疑念が刺激となって、信念に到達しようとする努力」を、パースは「探究(inquiry)[5]」と名づける。そして彼によれば、右に例示したようなとるにたりない問いを「疑念」とよび、これまた些細な決心を「信念」とよぶのはいかにも不適切な言葉のつかいかたのようであるが、しかしこれが、あらゆる深遠な思考や、学問的な探究の原型にほかならない[6]。

思考と行動

探究によってひとたび信念が得られたときには、思考はしばらく休止する。したがって「信念は、私たちの知的生活というシンフォニーを構成するひとつの楽句をくぎる半終止である。……しかし、信念は行動のための規則(a rule for action)であって、この規則を行動に適用すればさらに疑念が生じ、したがってまた思考が生じるので、信念は思考の終着点であると同時にあたらしい出発点である[7]。」こうして疑念から信念へという、思考すなわち探究がかぎりなくつづけられることになる。このような思考と行動のむすびつきを重視する考えかたを、パースは、英国の心理学者でまた哲学者でもあったアレグザンダー・ベイン(前出六九頁)からまなんだ。ベインは、主著のひとつ『もろもろの感情と意志』(一八五九年)で信念を定義して、「人がそれにもとづいて行為する用意のあるもの[8]」

とした。一八七〇年代はじめの「形而上学クラブ」における議論で、この定義が重要であることを説いたのは、N・S・J・グリーン（前出六九頁）であった。[9] そしてパースはそこからプラグマティズムにかんする基本的な着想を得た。というのは、ベインの定義は信念を行動（ないし行為）[10]への前段階とするものであって、これはあきらかに、思考によってかためられる信念を行動への前段階とするパースの主張とかさなるからである。先述のプラグマティック・マクシムも、結局、観念（すなわち信念）は行動への前段階であるからこそ、その観念につながる実験という行動と観察可能なその結果を考えてみることによって、その観念の意味を明晰にしようという提案にほかならなかった。こうしてパースは、「プラグマティズムはほぼベインの定義の系［必然的にみちびきだされる命題］にすぎない[11]」とのべている。

「プラグマティズム」の語源

もともと「プラグマティズム」という言葉は、「なされた事柄」「行為」などを意味するギリシア語 pragma（複数は pragmata）に由来する。[12] パースは、カントの用語からヒントを得てこの言葉をもちいることになった。プリンストン大学教授J・M・ボールドウィン（James Mark Baldwin, 1861-1934）が編集した『哲学・心理学事典』（一九〇一―〇五年）でパースは、形而上学の大部分は一掃すべきであって、そのためにはプラグマティック・マクシムを適用すればよい、とのべた後に、「私はカントの『純粋理性批判』にたいする反省によってこのマクシムにみちびかれた」[13]とつけくわえている。

さて、カントの『純粋理性批判』(一七八一年、第二版一七八七年)の「超越論的方法論」によれば、私たちの行為を規定する「実践的(プラクティッシュ)な法則」には、「実用的(プラグマティッシュ)な法則」と「道徳的(モラーリッシュ)な法則」のふたつがある。[14] モラーリッシュな「法則」は、「幸福であることに値する」ことだけのためにはたらく法則であり、純粋理性の理念にのみもとづき、無条件に「これこれをせよ」というア・プリオリな(経験にもとづかない)「定言命令」のかたちであたえられる。

これにたいして「プラグマティッシュな法則」は、幸福を獲得するという目的のためには、「これこれのことをすれば、自然の欲求を満足させるしかじかの結果(すなわち幸福)が得られるであろう」という、「仮言命令」のかたちであたえられる、ア・ポステリオリな(経験にもとづく)法則である。パースはこれにヒントを得て、観念の意味を明晰にするという目的のためには、「これこれの実験をすれば、しかじかの観察可能な結果が得られるであろう」という経験にもとづくプラグマティック・マクシムを考案したのである。

実験科学者としてのパースの立場

一九〇五年、哲学雑誌「モニスト」に掲載された論文「プラグマティズムとはなにか」

で、パースは自分の考案したマクシムについて、次のようにのべている。「この理論にたいして、私はプラグマティズムという名称をあたらしくつくりだした。私の友人の何人かはプラクティシズム、あるいはプラクティカリズムと名づけたほうがよかろうといってくれた。……しかしプラクティッシュとプラグマティッシュというふたつの言葉は、天と地ほどかけはなれているように思える。というのは、プラクティッシュは「経験にもとづかないモラーリッシュな法則をふくむ限り」、実験科学者タイプの精神には、足元にしっかりした大地があることを確信できない思想領域にぞくする言葉であるのにたいし、プラグマティッシュは、人間のたてたなんらかの明白な目的との関連を表明する言葉だからである。また、私のあたらしい説のもっとも顕著な特徴は、合理的な認識と合理的な目的とが、わかれがたくむすびついていることをみとめる点にある。まさしくこういった考慮が、私にプラグマティズムという名称のほうをえらばせたのである(15)。」

まえにみたように、大学卒業後三〇年間、実験科学者としての生活をおくったパースにとって、経験にもとづかない「モラーリッシュな法則」をみとめることができないのは当然である。そしてまた信念は行動への前段階であり、いつかは（すなわちある条件のもとでは）行動へとむかう目的をもつと考える基本的立場にたつ以上、信念によって表明される「合理的認識」が、そうした信念を行動へとむかわせる「合理的目的」と密接な関係があるとする点を、自分の新説の「もっとも顕著な特徴」として、プラグマティズムという名称をえらんだのは当然のなりゆきであったといえるであろう。

3 探究のパターン

さてパースが「疑念から信念に到達しようとする努力」を探究と名づけ、私たちのあらゆる思考や学問研究はこうした努力にほかならないと主張したことを前節でのべたが、プラグマティック・マクシムがはじめて提示された論文「私たちの観念を明晰にする方法」(一八七八年)と同様、雑誌「ポピュラー・サイエンス・マンスリー」に掲載された六編の連続論文のうちの最初の論文「信念の固定」(一八七七年)によれば、探究には次の四つの型がある。[16] すなわち(1)固執の方法、(2)権威の方法、(3)先天的方法、(4)科学の方法である。この四つは、以下にみるように、個人的、閉鎖的な方法から、より社会的、開放的な方法へという発展段階をしめしている。

固執の方法

最初の「固執の方法(the method of tenacity)」とは、疑念、すなわち問題の発生にたいする解答として、自分に気にいったものだけをとりあげ、それをたえず心のなかでくりかえして信念を固定する方法である。現に多くの人びとがこうした方法をもちいているのであって、たとえばパースが例をあげているように、「自由貿易が正しい」と信じている人が、その信念がゆらぐことのないように、保護貿易を正しいとする新聞はけっして読まないといったことが多くみられる。

しかしこの方法をつらぬくことはできない。いつかは他人の考えが自分の考えにおとらないか、あるいは自分の考えにまさることを知る機会がくることがあるからである。

権威の方法

「権威の方法（the method of authority）」は、固執の方法のように、個人の心のなかだけで信念を固定するのではなく、集団的に信念を固定する方法である。そのためには国家もしくはそれにかわる権力によって、すべてのメンバーに一定の信念を強制し、他の信念にふれることのないように、各メンバーを無知にしておくだけでなく、他の信念にふれたときには、それにたいして嫌悪感や恐怖感をいだくようにしむけておく。さらに公認の信念に反対するものには、脅迫をくわえて沈黙させる。またメンバーがこうした反逆者を追放し、リンチをくわえるようにしむける。反逆者としてうたがわしい人物には、その考えかたを訊問し、禁じられた信念をいだいていることがわかれば厳罰に処する。

こうした方法は、神学的、政治的なドグマの正統性を維持するための主要な方法とされてきた。実際のところ、私たち自身、第二次大戦下の日本や、最近ではいわゆるカルト集団にこの方法の実例をみることができる。「この方法は、つねに残酷さをともない、この方法が徹底的に実行にうつされる場合には、その残酷さは、理性的な人の目にもっともおそるべき暴行とうつるまでになる[17]」というパースの指摘はきわめて的確である。

しかしいかなる権力にしても、すべての問題にわたって信念を統制することは不可能であり、すべてのメンバーを集団外部の他の信念について無知のままにしておくことはできない。さらにまた集団内部にも、よりひろい社会的感情をもつ人物があらわれて、他の集団や他の時代の別の信念を理解する。人びとは、やがて自分たちの信念が教育と環境による偶然の産物であることを自覚するにいたる。こうして「権威の方法」はくずれるのである。

先天的方法

権威の方法にかわるあたらしい方法はなにか。それは、いかなる命題が信じるに値するかを決定する方法であり、観察される事実や経験には依存しないで、「理性にかなう(agreeable to reason)」と思われる命題を基礎にして、そこから体系的な信念を固定する「先天的方法(the a priori method)」である。たとえばデカルト(René Descartes, 1596–1650)は、「私は考える」という命題から「私は存在する」という信念を固定した。デカルトは次に、「無から有は生じない」という命題から、「神は存在する」という信念を固定した。そしてデカルトは、さらに「神は私たちをあざむかない」という命題から、「私たちが認識する外界は実在する」という信念を固定したのである。[18]

しかしパースによれば、「理性にかなう」ということは、「信じたい気持ちになる（inclined to believe）」ということを意味するにすぎず、結局は各人の「好み（preferences）[19]」や「趣味（taste）[20]」によるものにほかならない。「さまざまな意見がぶつかりあっているうちに、やがて人びとは、よりいっそう普遍的な性質をもった好みにおちつくことになるであろう[21]」とパースはいう。

先天的方法は、固執の方法や権威の方法にくらべて、はるかに知的であることはいうまでもない。しかしその欠点は、学問的探究を「趣味の発展に似たもの」としてしまうところにある。そしてパースによれば、「不幸にも、趣味はつねに多少とも流行に左右されるから、この方法をとる形而上学者たちは、確固とした意見の一致に到達したことはなく、もっともふるい時代から現在にいたるまで、唯物論と唯心論のあいだを振り子のようにゆれうごいてきたのである。[22]」

科学の方法

先天的方法が個人の好みに依存している以上、それはある種の偶然によるものであって、本質的には権威の方法と異なるところがない。このことを知るとき、人びとはこの方法によって固定された信念を、ふたたびうたがうようになるであろう。そこで信念固定のあたらしい方法がもとめられるが、それは、信念を、人間的なものではなく、人間の外部にある永遠のもの、すなわち人間の思考によって左右されないばかりか、むしろ人間の思考にたえず影響をあたえるもの、によって決定する方法でなければならない。こうした永遠のものとは、次にくわしくみるように、「実在物」ないし「実在」である。それは万人におなじ作用をおよぼすゆえ、この方法をとるとき、究極においてすべての人の信念がおなじものへとみちびかれるであろう。そしてこの方法こそ「科学の方法（the method of science）」にほかならない。

4　実在と真理

仮説としての「実在」

探究の最終的なパターンとしての科学の方法、すなわち「科学的探究」が前提する「根本的な仮説」はこうである。すなわち、「実在の事物（Real things）があり、その性質はそれにかんする私たちの意見にまったく依存しない。そうした実在物（Reals）は、規則正しい法則にしたがって、私たちの感覚器官に影響をおよぼす。その結果生じる感覚は、私たちと対象との関係におうじて異なるが、私たちは知覚の法則を利用して、事物の本当のありかたを推論によってたしかめることができる。そしてだれでもその事物について十分な経験をもち、またそれについて十分推論するならば、ひとつの真なる結論（one true conclusion）に到達するであろう[23]」という仮説である。

パース自身がみとめるように、ここには「実在（Reality）」という概念が導入されている。しかし「なんらかの実在物が存在する」という仮説が科学の方法の唯一の支えであり、前提である以上、科学の方法によってこの仮説を証明することはできない。

「実在」仮説を信じる理由

しかし証明はできないが、この仮説を信じる理由として、パースは次の四点をあげている[24]。

（1）すくなくとも探究によって、事物が実在しないという反対の結論に到達することはない。科学の方法と、この方法の支えである実在概念との調和はいつまでもつづくであろう。つまりこの方法にかんするかぎり、まえにのべた他の三つの方法の場合とちがって、方法を実際に適用しているさいにその方法にたいする疑念が生じることはないのである。

（2）信念を固定するためのなんらかの方法が必要とされるのは、ふたつのたがいに矛盾する命題をみとめることができないからである。しかしここにはすでに、ひとつの事物が存在して、それはひとつの命題で表現されなければならない、という暗黙の承認がある。つまり、実在仮説を本当はだれもうたがっていない。こうして、実在仮説は万人の承認する仮説である、ということができる。

（3）あらゆる人びとが多くの事物について科学の方法をもちいており、その方法を適用しないのは、適用の仕方がわからないからにすぎない。

（4）科学の方法は、他の方法とちがって適用経験をかさねても、それに疑念をもつようになることはなく、逆に、信念の固定にかんして驚異的な成功をおさめてきた。

パースが科学の方法の前提となっている実在仮説をうたがわないのは、以上の事実にもとづいている。

パースの真理観

これまで論文「信念の固定」にしたがって探究のパターンを説明してきたが、六つの連続論文のなかで、この論文に直接つづく論文「私たちの観念を明晰にする方法」では、さらに具体例をあげて科学の方法を次のように説明している。

この方法にしたがう人びとはすべて、研究の過程が十分先までおしすすめられさえすれば、研究の対象であるそれぞれの問題にたいして、ひとつのたしかな解答が得られるであろう、という希望にもえている。たとえば光速度の研究を例にとると、A・H・L・フィゾー（Armand Hippolyte Louis Fizeau, 1819–96）の方法、J・B・L・フーコー（Jean Bernard Léon Foucault, 1819–68）の方法、J・A・リサジュ（Joules Antoine Lissajous, 1822–80）の方法などいろいろな専門的手法によって、最初はさまざまな異なった結果しか得られないにせよ、各人がそれぞれの手法を完全なものにするにつれて、それぞれの結果がたえず「あらかじめ定められた中心にむかって」うごいていることがわかる。研究がすすむにつれ、「外部の力によってひとつのおなじ結論にみちびかれる[25]」のである。そこでパースは「真理」と「実在」を次のように定義する。「探究するすべての人が究極において同意するよう定められている（fated）意見こそ、真理という言葉の意味するものであり、こうした意見によって表現されている（represented）対象こそ、実在にほかならない[26]。」

こうしたパースの真理と実在にかんする見解にかんして、次の四点に注目したい。

（1）真理は極限概念としてあつかわれていること。探究は疑念からはじまって信念に到達しようとする努力であるから、いったんある信念に到達して、他の多くの探究者が同意したとしても、さらにまた疑念が生じる可能性がある。したがって厳密にいえば、探究するすべての人が同意するのは無限のかなたである、といわなければならない。

（2）このことはいったん真理としてうけいれられた観念でも、後に誤謬とされる可能性があることをしめしている。有限の認識能力しかもたない私たちは、つねに誤謬をおかす可能性があることをパースは自覚していた。

（3）真理は公共的あるいは社会的性格をもつこと。真理は、探究する人たちの同意によって確立されるのであって、同意なくしては、真理はありえない。逆に、同意があって、さらなる疑念が生じないとき、その信念が真理とされることになる。たとえば、現時点において、光速度にかんする探究者の意見（信念）が一致しているとすれば、それが、現時点における光速度にかんする真理である。ただし、さらに疑念が生じる可能性は、つねに考慮されなければならない。

（4）事物が実在することは仮定にすぎないが、実在すると仮定される事物は、すべての探究者が究極的に同意する意見（信念）によって表現されるという考えかた。

以上は、実在にかんするきわめてユニークな考えかたであると思われる。このようなパースの真理と実在にかんする見解は、多少のゆらぎがあるにせよ、現代アメリカ思想の根幹をなす考えかたである。これがW・ジェイムズをはじめとして、G・H・ミード（George Herbert Mead, 1863-1931）、J・デューイ（John Dewey, 1859-1952）、W・V・O・クワイン（Willard Van Orman Quine, 1908-2000）、R・ローティー（Richard

Rorty, 1931- ）などにどうけつがれ、あるいはどう批判されるかについては、後に順をおって検討する。

第3章　注

（1）パースの生涯については、次を参照。
＊鶴見俊輔『アメリカ哲学』（講談社学術文庫、一九八六年）
＊Joseph Brent, Charles Sanders Peirce: A Life, Indiana University Press, 1998.

（2）Writings of Charles S. Peirce: A Chronological Edition, Indiana University Press.

（3）5. 394.（上山訳、八二頁）Cf. 5. 374-5.（上山訳、六一―二頁、参照）

（4）パースのあげる例では「鉄道馬車」「五セントのニッケル貨一つ」「一セントの銅貨五つ」などとなっている。(Ibid.)

（5）5. 374.（上山訳、六一頁）

（6）Cf. 5. 394.（上山訳、八二頁、参照）

（7）5. 397.（上山訳、八四頁）

（8）Alexander Bain, The Emotions and the Will, 3rd. ed., 1875, p. 505.

（9）パースの証言による。(Cf. 5. 12.)

(10)「行動（action)」と「行為（act)」は、しばしば明確な区別なしにもちいられる。しかし、一応の区別として、前者は主として「身体のうごき」をさし、後者は主として「ある結果をもたらした、意図的な身体の動き」をさしているといえよう。
(11) 5. 12.
(12) A Lexicon abridged from Liddell and Scott's Greek-English Lexicon によれば、「プラグマ」の意味として 'that which has been done' 'a deed' 'a thing done' などがあげられている。
(13) J. M. Baldwin, ed., Dictionary of Philosophy and Psychology, Macmillan Co., Vol. 2, p. 322. (Cf. 5. 3.)
(14) ここでのカントの主張の要約は、B. 834-5.（カント全集、アカデミー版、第二版、八三四—五頁の略）にもとづく。
(15) 5. 412.（山下正男訳、上山春平編『パース・ジェイムズ・デューイ』世界の名著、第四八巻、中央公論社、一九六八年、二二〇—二二頁）
(16) 5. 377-87.（上山訳、六三—七五頁）
(17) 5. 379.（上山訳、六六頁）
(18) パースは一九〇三年の論文（草稿）に長い注をつけて、デカルト、カント、ヘーゲルなどの先天的方法について説明している。ただしデカルトにかんする以上の説明は、かならずしもパースの原文にそうものではない。(5. 382, Note, 参照)

(19) 5. 382.（上山訳、六八頁）
(20) 5. 383.（上山訳、六九頁）
(21) 5. 382.（上山訳、六八頁）
(22) 5. 384.（上山訳、六九頁）
(23) 5. 384.（上山訳、七〇—一頁）
(24) Ibid.
(25) 5. 407.（上山訳、九九頁）
(26) Ibid. なお、パースはここで「定められている（fated）」という言葉に注をつけて、次のように説明している。「定め（fate）とは、確実に真になること、どうしてもさけることができないことを意味しているにすぎない。……私たちはすべて死ぬように定められているのだ。」(5. 407, Note.)

第4章　パースと記号論

1　直観主義の否定

もっとも初期の諸論文

パースが哲学への関心からカントの『純粋理性批判』をほとんど暗記するまでに精読したことは前章でのべたが、「アメリカ文芸・科学アカデミー年報」に掲載された彼のもっとも初期の論文「新カテゴリー表について」(一八六七年)で、彼はカントのカテゴリー表を検討して、経験的認識が成立するために必要なカテゴリーを、カントのように判断表からではなく、命題の一般的形式、すなわち「SはPである」という場合の主語(S)・コプラ(である)・述語(P)という三者の関係からみちびきだすべきことを主張し、私たちの経験的な認識は直観によって直接的に成立するのではなく、推論を媒介にして成立するものであることをあきらかにした。(1)

こうした成果をふまえて、パースは翌年（一八六八年）さらに注目すべきふたつの論文を発表する。それは「思弁哲学雑誌」に掲載された「人間にそなわっていると主張される諸能力にかんする疑問」と「四つの能力が欠けていることからくるいくつかの結果」である。パース研究者W・B・ギャリー（W. B. Gallie, 1912- ）によれば、二〇代に書かれた「このふたつの論文は、二〇世紀になされた知識の理論のきわめて重要な展開を予告する(2)」独創的な論文であるという。知識の理論の重要な展開とは、プラグマティズムをはじめとして、論理実証主義、分析哲学、記号論など、意味、言語、記号の問題を中心テーマとする現代哲学の動向をさしている。

直観能力にかんする七つの問い

上記の「……諸能力にかんする疑問」は、結論として、私たちには事物にたいする直観能力がないことを主張している。ここで「直観」とは「意識の外にある事物によって直接限定された認識(3)」であり、その事物にかんするそれ以前の認識によって限定されない認識のことである。ここでは七つの問いが提起されているが、要約すれば次のようになる。

（1）ある対象を認識するとき、それが直観によるものかそれとも推論によるものかを、直観的に知ることができるか。

（2）私たちは、直観的な自我意識をもつことができるか。

（3）たとえば、夢をみることと、現実に経験することとのあいだに見られるような、認識の主観的要素の違いを、直観的に知ることができるか。
（4）私たちは、内観の能力、すなわち心のなかの世界を直接知覚する能力をもっているか。それとも、心のなかの世界にかんするすべての知識は、心の外にある事実の観察からみちびきだされるのか。
（5）私たちは、記号なしに考えることができるか。
（6）ある記号が「絶対に認識できないもの」の記号であるとき、その記号は意味をもつといえるか。
（7）以前の認識によって限定されない認識、すなわち直観はありうるか。

直観能力の否定

パースは、第一の問いにたいして、次のような例をあげて否定する。すなわち、ここで問われているような能力が存在するならば、私たちは直観と推論を混同することはないはずである。しかしどの認識が直観であり、どの認識が推論であるかをめぐって、昔からはげしく議論されてきたことは、思想史上の事実である。また法廷における証人が、自分の見たこと（直観）と、推理したことを混同していることがよくある。

たとえば、Aを犯人と思いこんでいる証人が、犯罪現場でAではないがAによく似た人を見たとき、Aを見た（直観）と証言するのは、Aが犯人であると思いこんでいるゆえ、あれはAにちがいない（推論）、と考えるからである。

奇術における錯覚も、直観と推論の混同である。たとえば、空中からカードをとりだすマジックがある。最初は手のひらになにもない（直観一）。次に手のひらからたくさんのカードがでてくる（直観二）。実は最初から手のなかにカードが巧妙にかくされているわけだが、観客は、直観一から直観二への変化があまりにはやいので、マジシャンが空中からカードをとりだしたのであろうという錯覚（実は推論）におちいるのである。さらにまた、私たちの網膜には盲点があり、私たちの見ている空間は、いわばドーナツ状になっているはずである。しかし私たちは、欠けた場所を知性のはたらき（推論）によっておぎなっている。こうした推論と、現実の知覚（直観）を、直観的に区別することはできない、等々、パースは多くの例をあげている。

第二の問いにおける自我意識は、カントのいう「純粋統覚」ではなく、私たちの個人的な自我による自己認知である。パースは、こうした自我意識が推論によって得られたものであることを、幼い子どもの例によって説明する。たとえば、子どもはまわりの大人が「ストーヴは熱い」というのを耳にする。しかしストーヴにふれるまでそのことがわからない。ストーヴにふれてはじめて、自分がなにも知らないことをさとり、なにも知らない自分の存在に思いいたる。また子どもは、外界をそのままうつしだす判断のほかに、自分だけがくだす誤った判断のあることに気づく。この誤りの存在から、誤りをおかす自己の存在を想定するようになる。こうして自己の無知と誤謬から自我意識をみちびきだすのであって、ここには推論がはたらいている、とパースはいうのである。

第三の問いについては、パースは次のようにいう。たとえば夢と現実の経験との違いは、その対象や内容の違いから推論することができる。また同様に、想像する、考える、信じる、といった自我の作用によってあるものを心に思いうかべる主観的な認識のもろもろの様相は、推論によって区別できるのであって、それらを区別するためにことさら直観能力を前提する必要はない。

第四の問いについてパースは、人間の心の内部過程の典型である感覚、感情、意志が、外部の事実から推論によってみちびきだされたものであることをあきらかにする。たとえば赤い感覚は、赤い事物のもつ「赤さ」から推論によって得られたものである。また怒りの感情は、ある人を怒らせる外的な事実にたいして、その人が「これはけしからぬことだ」と考えることによって成立するのであり、ここにも推論がはたらいている。もちろん何事にもすぐ怒る人と知的で冷静な判断のもとに怒る人の違いはあるが、いずれにしてもあらゆる怒りの感情に推論がはたらいており、美的感情、道徳的感情についてもおなじことがいえる、とパースはいう。さらにまた意志は、注意を一点に集中させる抽象能力である。したがってたとえば「水をのもう」という意志も、内観（すなわち直観）によって知られるのではなく、自分の身体もふくめてなんらかの事実にたいする推論によって知られるのである。(4)

思考の記号性

第五の問いにたいして、パースは次のようにいう。これまで、思考が認識されるのは外部の事実からの推論によるものであることを見てきた。しかしあきらかに、外部の事実にかんする思考は、すべて記号による思考である。「したがって認識できる思考があるとすれば、それは記号のうちにある思考（thought in signs）にかぎられる。ところが認識できない思考というものはありえない。それゆえ、すべての思考は必然的に記号のうちにあることになる。(5)」

そしていかなる思考も記号のうちにあるという命題から、どの思考もそれにつづく他の思考のなかで解釈されなければならない、ということが帰結する。

第六の問いにたいして、パースは次のように答える。私たちの概念は、すべて経験的判断からくるもろもろの認識を抽象し、結合することによって得られたものである。したがって絶対に認識できないものについては、いかなる概念も形成できない。しかるに記号の意味とは、その記号が伝達する概念の意味である。それゆえ絶対に認識できないものにかんする記号があるとしても、その記号は意味をもたない。

第七の問いは、これまでの問いにたいする総括であって、当然否定的に答えられる。ここであらたにパースがつけくわえる根拠のひとつは、こうである。私たちの認識は、すべて「SはPである」というかたちの二項的なものである。しかし二項的な認識は、Sについて、あるいはPについて、あるいは両者の結合について、以前の認識によって限定される。したがって以前の認識によって限定されない認識、すなわち直観はありえない。

以上七つの問いにたいする回答から生じるもろもろの結果をのべたものが、次の論文「四つの能力が欠けていることからくるいくつかの結果」の内容である。

2　人間記号論

人間に欠けている四つの能力

この論文において私たちに欠けているとされる四つの能力とは、

（1）内観の能力
（2）直観の能力
（3）記号なしに考える能力

（4）絶対に認識できないものについて概念をもつ能力

である。これらの能力はいずれも、先行論文「……諸能力にかんする疑問」において、私たちに欠けているとされたものであるが、能力（1）と（2）が欠けていることから、あらゆる心のはたらきは推論であるゆえ、「私たちは……あらゆる心のはたらきをできるかぎり妥当な推論形式に還元しなければならない」(6)とパースは主張する。

パースによれば、どんな複雑な推論もいくつかの単純な推論をつなぎあわせたものにすぎない。そこで彼は、完結した単純で妥当な推論、すなわち三段論法を、必然的な三段論法である「演繹」(deduction)と、必然的ではないがある程度たしからしい三段論法である「帰納」(induction)および「仮定」(hypothesis)(7)にわけ、それぞれについて、また三者の関係について詳細に検討している。そしてこの点にかんしては、後に展開された主張とあわせて、次章でのべることにする。

能力（3）が欠けていることから、「私たちが思考するとき、その瞬間において、私たち自身がひとつの記号としてあらわれる」(8)ということが帰結する。なぜなら、私たちが思考するとき、意識に思いうかぶもの（たとえば、感じ、イメージ、概念、表象など）を記号としてつかわざるをえないのであるが、それらは私たちの外部にある事物のあらわれともいえるからである。それはたとえば虹が太陽のあらわれであり、また雨滴のあらわれであるのと同様である。人間自身が外部の事物の記号である、とパースは主張する。そしてここからパースの人間記号論が展開するのである。

記号のもつ三つの関係と三つの特性

ところで記号は、本来三つのものと関係する。

（1）記号は、なんらかの思考によって「解釈」される。

（2）記号は、思考によってその記号と等置されるある「対象」の代理をする。

（3）記号は、ある「側面」またはある性質において、その対象と関連する。(9)

さらに記号は次の三つの特性をもつ。

（a）記号だけに所属し、記号のはたらきとは直接的な関係のない性質、すなわち材質（the material qualities）。たとえば「人間」という言葉がふたつの文字からなるということ。

（b）純粋な指示作用（the pure demonstrative application）。たとえば風見鶏のように、対象である風と直接的に関連するか、あるいは絵画のように、連想によって対象である風景と間接的に関連するかのいずれにせよ、記号とその対象との実在的で物理的な関連。

（c）思考によって、ある意味（すなわちもうひとつの記号）を表示するものと解釈されることを可能にする表示機能（the representative function）。

以上の指摘は、次節でみるように、パースの晩年における記号論で詳細に展開されることになるが、それを概観するまえに、能力（4）が欠けていることからくる結果についてみておかなければならない。

能力（4）は、絶対に認識不可能なものについて概念をもつ能力であった。しかし人間にはこの能力が欠けているから、「絶対に認識不可能なもの」は、いかなる概念もそれにむすびつくことはなく、無意味な言葉にすぎない。そこでパースは次のように主張する。「私たちの原則によれば、絶対に認識不可能なものは存在しない。」このことを逆にいえば、存在するものは私たちに認識可能なものであり、いわば現象のなかにあらわれたものである。心も例外ではない。心は現象のなかにその姿をあらわしている。「こうして私たちは、心とは推論の法則にしたがって展開するひとつの記号である、と結論せざるをえないのである。」(10)

さらにパースによれば、心は記号であるばかりか、まえにもみたように、人間そのものが記号とされる。人間という記号は、その材質、対象を指示する能力、意味を表示する能力という三つの側面のすべてにおいて、言葉という記号にくらべてはるかに複雑である。しかしこうした相違は、けっして絶対的なものではない。というのは、「人間がつかう言葉あるいは記号は、人間そのものにほかならないからである。すべての思考が記号であるという事実と、人間の生活は思考の連続であるという事実が、人間が記号であることを証明するのである。[11]」

3 後期パースの記号論

もっとも初期の論文において提示されたパースの記号論は、その後数十年にわたって詳細に展開されたが、一八九七年ごろに書かれた草稿断片で、パースは記号を次のように定義している。「記号（sign）、すなわち表象項（representamen）とは、ある人にたいして、ある側面ないしある能力において、あるものの代理となる（stands for）ものである。それはある人にうったえかける。すなわち、その人の心のうちに、ひとつの同等の記号か、ことによると、より発達した記号をつくりだす。記号がつくりだすものを、私は最初の記号の解釈項（interpretant）とよぶ。[12]」

ここで解釈項というのは、最初の記号を解釈する（すなわち翻訳し、説明する）別の記号である。しかしこの別の記号もまた解釈項をもつゆえ、翻訳し、説明する過程は無限につづくことになる。このようにパースは、「記号過程（semiosis）」には（1）記号、（2）対象、（3）解釈項、という三項関係があることを指摘しているわけである。

現代の記号論との関連

ところで、現代における記号論の研究者としては、パースの記号論を紹介したC・W・モリス（Charles W. Morris, 1901-79）のほか、フランスのロラン・バルト（Roland Barthes, 1915-80）、イタリアのウンベルト・エーコ（Umberto Eco, 1932- ）などが有名であるが、エーコはさきほど引用したパースの記号の定義（前頁参照）について、その著書『記号学の理論』（一九七六年）のなかで、次のようにのべている。すなわち、記号学（semiotics）というあたらしい学問の、暫定的ではあるが理論的な定義をするためには、「この学問の正式な誕生と学問的な体系づけを予告したふたりの学者、つまりソシュールとパース」によって提出された定義が役にたつ。しかし一九一六年のソシュールの定義にくらべると、「パースの定義のほうが、私にはもっと包括的で、記号学的にはもっと実りゆたかなもののように思われる。[13]」

さてソシュール（Ferdinand de Saussure, 1857-1913）の定義はこうである。「言語とは観念を表現する記号の体系であるゆえ、文字、手話、象徴的な儀式、礼儀作法、軍隊の信号、などと比較することができる。とくに言語は、これらの体系のなかでもっとも重要なものである。そこで、社会生活のなかでの記号の全過程を研究する学問を考えることができるのであり、……それを記号学と名づけることができよう。[14]」つまりソシュールのいう記号が人間による意図的なものにかぎられるのにたいし、パースの定義における三項関係は、受信者として人間その他がいる限り、発信者が人間でない現象にたいしても適用でき、記号が意図的かつ人工的である必要はなくなり、きわめてひろい領域にわたって記号論が展開できることになる。エーコがパースの記号論を高く評価するのも当然であるといわなければならない(15)。

記号の三つの種類と対象

さてパースのいう三項関係について、まえに引用した（一〇三頁参照）草稿断片（一八九七年）をふくむ晩年の文章によって概観すると、次のようになる。記号は、対象との関係の仕方によって、「イコン（icon）」、「インデックス（index）」、「シンボル（symbol）」に分類される。これは、すでに三〇年まえのもっとも初期の論文「新カテゴリー表について」（一八六七年）で主張されていたことであるが、晩年さらに整備された。

イコンは、たとえば地図のように、その性質が対象の性質と似ているゆえに、その対象の記号となるものである。イコンは対象との類似関係によって、さらに三つに分類される。

（1）たとえば夏雲が入道を思わせるように、性質の類似による「イメージ（image）」

（2）地図のように、対象内の要素間の関係が記号の構造と似ている「ダイアグラム（diagram）」

（3）たとえば「時は金なり」という諺にみられるように、時間の貴重さを現実的な貨幣の値うちにうつしかえた「メタファー（metaphor）」

次にインデックスは、たとえば風見鶏が風の方向をあらわすように、対象との物理的な因果関係によって対象をあらわす記号である。インデックスはさらに二つに分類される。

（1）すでに意識された対象についてこれをふたたび表示する「指示記号（designation）」。たとえば「あれ」といってある物をさす指示代名詞、名をよぶことによってある対象をさす固有名詞、などである。

（2）心にあたらしい事態をうったえる「反応記号（reagent）」。たとえば風見鶏やリトマス試験紙、などである。

シンボルは、イコンやインデックスとちがって、記号の性質や物理的な因果関係ではなく、それを使用する心のはたらきによってのみ記号となるものである。私たちのもちいる言語は、シンボルである。しかし言語でなくても、言語で伝達できるような内容をもった記号は、シンボルとなる。たとえば、ドアのノックは、だれかがきたことをしめすインデックスであるが、Aさんがきたときはかならず三回ノックする、という約束ができていれば、そのノックは「Aさんがきた」という意味内容をもったシンボルとなる。

解釈項の種類

解釈項とは、まえにみたように、記号が対象とかかわることによって、記号使用者の心のうちにうまれる効果（記号）である。解釈項は、まず第一に、もとの記号の作用の仕方から、三つに分類される。

（1）「直接的解釈項（immediate interpretant）」。たとえば太陽が男性の神を、月が女性の神を連想させてきたように、現在の解釈者の存在以前から存在する解釈可能性。

（2）「動的解釈項（dynamical interpretant）」。たとえば「痛い」といって相手に痛みを知らせるように、記号によって解釈者のなかに現実にうみだされる直接的効果。

（3）「最終的解釈項（final interpretant）」。物事が十分に考察され、究極的な信念に到達することがあるとすれば、真の解釈として最終的に決定することができる解釈項。

解釈項は、また記号のうみだす効果が記号使用者のなかでどのようなかたちをとるかという側面から、次のように三つに分類される。

（a）「情緒的解釈項（emotional interpretant）」。たとえばあるピアノ曲（記号）をきいたときのような、記号によってうみだされる感情。

（b）「努力的解釈項（energetic interpretant）」。たとえば「手をあげろ」という命令

（記号）にしたがう筋肉的努力やそれにともなう心理的抵抗感。
（c）「論理的解釈項（logical interpretant）」。たとえばある文章（記号）によって心にうかぶそれとおなじ意味の文章（記号）。

記号は、他の記号によってあらたに解釈しなおされ、把握しなおされる。こうして「思考はことごとく他の思考によって解釈されなければならない。すなわち、すべての思考は記号のうちにある[16]」というもっとも初期の主張が、晩年にいたるまでパースの記号論全般をつらぬいている。

記号の意味

従来、概念（記号）の意味には、「外延」すなわち「外的意味」と「内包」すなわち「内的意味」のふたつが考えられてきた。外延とは、概念の適用対象であって、たとえば「人間」の外延は、太郎、次郎、花子……をふくむ人の集合である。これにたいして内包とは、概念の適用条件であって、「人間」という概念があてはまる人間としての性質である。イコンは、対象との性質の類似によって成立するから、内包すなわち内的意味をもっていることになる。インデックスは、対象との具体的な因果関係によって成立するから、対象に注目させるという点で外延すなわち外的意味をもっていることになる。しかし、シンボルと対象のかかわりは、記号によって解釈項をつくりだすことにある。したがって

「解釈項という意味」が、記号の意味としてあらたに考えられなければならない。シンボルは、イコンやインデックスがもつような「内的意味と外的意味を多少とももつかも知れない。しかしシンボルは、それらが規定する解釈項という記号の性格のうちに存するような、第三の意味をもっている。そしてそれが、その記号の主要な意味である」[17]とパースは主張する。たとえば「固い」というシンボルの解釈項のひとつは、「ナイフで切りつけても傷がつかない」という記号であり、これが「固い」という記号の第三の意味であり、かつ主要な意味だ、というのである。

結局、プラグマティック・マクシムは、観念すなわちシンボルのこうした主要な第三の意味を明晰にするための提案であった、ということができよう。

第4章　注

（1）Cf. 1. 287-567.

（2）W. B. Gallie, Peirce and Pragmatism, Pericčastan Books, 1952, pp. 61-2. またあるパース研究者は次のようにいっている。「この論文〔『……諸能力にかんする疑問』〕は、パースのあらゆる面にてらして貴重であり、……パース哲学の研究のほとんどが、この論文とそれにつづく諸論文［『四つの能力が欠けていること……』など］の検討からはじまっている。」(William H. Davis, Peirce's Epistemology, Martihoff Nijhoff, 1972, p. 5. 赤木昭夫訳『パースの認識論』産業図書、一九九〇年、八頁）
（3）5. 213.（山下正男訳、上山春平編『パース・ジェイムズ・デューイ』世界の名著、第四八巻、中央公論社、一九六八年、一〇三頁）
（4）Cf. 5. 244-9.（山下訳、一一九―一二一頁）なお、たとえば赤い感覚が推論によって得られたものであることについては、次の論文を参照のこと。また感情や意志も外部の事実からの推論によるものであることも、同様にしてみちびきだすことができるであろう。
＊魚津郁夫「知識と方法――プラグマティズム――」『岩波講座　哲学　第二巻　現代の哲学』岩波書店、一九六八年、一三三―七二頁。
（5）5. 251.（山下訳、一二一頁）
（6）5. 267.（山下訳、一三二頁）
（7）「仮定」については、パースは後に「アブダクション（abduction）」という言葉をもちいるようになるが、このことについては次章参照。
（8）5. 283.（山下訳、一四二頁）
（9）後にみるように、（1）（2）（3）は、それぞれ、記号過程における三項関係を構成する解釈項、対象、記号についてのべたものである。
（10）5. 313.（山下訳、一六四―五頁）

(11) 5. 314.（山下訳、一六六頁）

(12) 2. 228.

(13) Umberto Eco, A Theory of Semiotics, Indiana University Press, 1976, p. 15.（池上嘉彦訳『記号論I』岩波現代選書、一九八〇年、一九―二一頁）

(14) F. de Saussure, Cours de Linguistique général, Payot, 1916, la nouvelle édition, p. 33.

(15) なお、アメリカの言語学者で、記号論の研究者でもあったローマン・ヤコブソン（Roman Jakobson, 1896-1982）は、記号論にかんするパースの著作にはじめて接したときの印象をこうのべている。「そこに展開されていた問題点——言語の科学、記号の科学、つまり記号論の多くの基礎的な問題点——は、ソシュールよりもずっと深くパースによって提示されていたのです。もし彼が、あの頃（一九四〇年頃）これらの本を書いていたら、言語学者につよい影響をあたえていたろうし、有益だったことだろうと思います。」（みすず書房刊『みすず』第一〇〇号、一九六七年、五頁）

(16) 5. 253.（山下訳、一二二頁）

(17) 8. 119.

第5章　パースの「アブダクション」と可謬主義

1　ディダクション・インダクション・アブダクション

三つの推論形式

パースが、もっとも初期に書いた論文「四つの能力が欠けていること……」で私たちのあらゆる心のはたらきは推論作用であるゆえ、心のはたらきを妥当な推論形式に還元しなければならないと主張して、ディダクション・インダクション・ハイポセシスという三つの推論形式を提示したことは前章でのべた。

ハイポセシスは、後に（一八九〇年代後半）「リトロダクション（retroduction）」といいかえられ、さらに一九〇〇年代には「アブダクション（abduction）」ともよばれるようになった。ディダクションは、アリストテレス（Aristoteles, 384-322 B.C.）によって、インダクションはJ・S・ミル（John Stuart Mill, 1806-73）によって、それぞれ定式化されたことはよく知られているが、アブダクションを定式化したのはパースが最初である。

さて、こうした三つの推論形式については、前章で紹介した論文「四つの能力が欠けていること……」の前年に書かれた論文「推論の自然な分類について」(一八六七年)のなかですでに言及されているのであるが、パースは三つの推論形式の関係について、晩年にいたるまでくりかえし論じており、最終的な主張は、ハーヴァード大学における連続講演の最終回「プラグマティズムとアブダクション」(一九〇三年)や、論文「神の実在にかんするひとつの無視された議論」(一九〇八年)にみることができる。[1]

以下では、まず一八七八年の論文「ディダクション・インダクション・ハイポセシス」にもとづいてパースの主張を紹介する。というのは、この論文はまえにふれた「科学的論理学の例証」というテーマのもとでの六編の連続論文(そのなかのひとつでプラグマティック・マクシムが提示された)のしめくくりともいうべき最終論文だからである。そもそも観念を明晰にする方法としてのプラグマティズムは、「科学的な論理学」をしめす実例として提示されたのであり、推論形式のひとつとしてのハイポセシス(アブダクション)も、他の二つの推論形式とともに、科学的な論理学の重要なテーマとして、パース自身がいうように、その後「半世紀にわたって[2]」くりかえし(少なくとも一〇回以上)論じられたのである。

推論形式の実例（1）——ディダクション

さて、次の例を考えてみる。ここに

（a）白い豆ばかりがはいった袋がある。
（b）この袋からいくつかの豆をとりだす。いうまでもなく、
（c）これらの豆は白い。

前提（a）と（b）から（c）を結論するとき、この推論はディダクションであり、アリストテレス以来のいわゆる伝統的論理学では、定言的三段論法のbarbaraとして、次のように定式化される。

（a）この袋の豆はすべて白い。
（b）これらの豆はすべてこの袋の豆である。

∴（c）これらの豆はすべて白い。

推論形式の実例（2）——インダクション

次に、ここに豆がたくさんはいった袋があるが、どんな豆がはいっているかわからない。そこで少しずつ豆をとりだしてしらべてみる。ここまでの段階は、右の例では、

（b）これらの豆はすべてこの袋の豆である、にあたる。さて何度とりだしても白い豆しかでてこない。この段階は、

（c）これらの豆はすべて白い、にあたる。そこで（b）と（c）から、

（a）この袋の豆はすべて白いのではなかろうか、と結論する。

この推論がインダクションであり、定言的三段論法になおせば次のようになる。

（b）これらの豆はすべてこの袋の豆である。

（c）これらの豆はすべて白い。

∴（a）この袋の豆はすべて白い。

推論形式の実例（3）——アブダクション

最後の例はこうである。ここにひとにぎりの豆がおちているが、どこからこぼれおちたものかわからない。この段階は、最初の例の

（c）これらの豆はすべて白い、にあたる。ところが近くに白い豆ばかりがはいった袋がおいてある。これは最初の例の、（a）この袋の豆はすべて白い、にあたる。そこで（c）と（a）から、（b）これらの豆はすべてこの袋からこぼれたのではあるまいか、という仮説をたてる。これがハイポセシス（すなわちアブダクション）であって、次のように定式化される。

（c）これらの豆はすべて白い。
（a）この袋の豆はすべて白い。

∴（b）これらの豆はすべてこの袋の豆である。

要するに、
（1）ディダクションは（a）と（b）から（c）をみちびきだす推論であるのにたいし、
（2）インダクションは（b）と（c）から（a）をみちびきだす推論であり、
（3）アブダクションは（c）と（a）から（b）をみちびきだす推論であるといえる。

知識の拡大と誤謬の可能性

パースによれば、あらゆる推論は次のように分類される。

- 推論
  - 分析的――ディダクション
  - 総合的
    - インダクション
    - アブダクション

ディダクションにおける結論の内容は、二つの前提のなかにふくまれているから、この推論によって知識は拡大しない。すなわちこの推論は分析的である。これにたいしてインダクションとアブダクションは前提にふくまれていないことを結論づけるのであるから、もし結論が正しければ、知識は拡大することになる。しかし前提の内容よりさらに一歩ふみだすわけだから、これらの推論には誤謬をおかす可能性（可謬性）がつねにつきまとう。

右の例でいえば、インダクションの場合、この豆の袋のなかに白くない豆が一粒でもはいっていれば、

（a）この袋の豆はすべて白い。

と結論づけるのは、誤謬をおかしたことになる。

またアブダクションの場合、おちている豆が、実は近くにおいてある白い豆のはいった袋とはまったく無関係のものであることも考えられる。この場合、

（b）これらの豆はすべてこの袋の豆である。

という結論は誤謬をおかしていることになる。[3]

しかし、「私たちは、インダクションによって、観察された事実と似た事実が、まだたしかめられていない事例についても真である、と結論する。また私たちは、ハイポセシス［すなわちアブダクション］によって、まだまったく観察されていない事実が存在すると仮定し、そうした事実から、すでに知られている法則にしたがって、観察された事実が必然的に結果したのであろうと考える。インダクションは、特殊な事実から普遍法則への推論であり、ハイポセシスは、結果から原因への推論である[4]」とパースはいう。

2　探究とアブダクション

三つの推論形式の関係

以上にのべた推論の三つの形式について、パースは、一九〇三年ハーヴァード大学哲学科主催のもとに同大学でおこなわれたプラグマティズムにかんする七回にわたる連続講演

で、再度とりあげている。その第六講「推論の三つのタイプについて」では、三つの推論形式の関係を次のように要約している。

「アブダクションは、説明のための仮説を形成する過程である。それはなんらかのあたらしい観念を導入する唯一の論理的な操作である。というのは、インダクションは、真偽の値を決定するだけであり、ディダクションは、たんに仮説の必然的な帰結をみちびきだすにすぎないからである。

ディダクションは、あるものがこうでなければならない(must be)ことを証明し、インダクションは、あるものが現にこうである(actually is)ことをしめし、アブダクションは、あるものがこうであるかもしれない(may be)ことを暗示する。アブダクションを正当化するものは、ディダクションがアブダクションの暗示からなんらかの予測をみちびきだし、その予測がインダクションによってテストされるということである。そしてまた、そもそも私たちがなにかをまなび、現象を理解することができるとすれば、こうしたことの実現はアブダクションによるしかない、ということもアブダクションを正当化するのである。(5)」

以上からわかるように、現象を理解するために、私たちはまずアブダクションによってそれを説明する仮説をつくり、ディダクションによってその仮説をもっともテストしやすいかたちに変形し、そこから予測される有限個の事実をたしかめることで、インダクションによってその仮説が正しいことを推定するのである。したがってアブダクションは科学的探究の第一段階であり、ディダクションは第二段階、インダクションは第三段階である、ということができる(6)。

アブダクションのもうひとつの定式化

ハーヴァード大学における連続講演をしめくくる第七講は、「プラグマティズムとアブダクション」である。ここではアブダクションは、まえに紹介したような定言的三段論法のかたちではなく、次のような仮言的三段論法のかたちで定式化される。

(1) おどろくべき事実Cが発見される。
(2) しかし、もしAが真ならば、Cは当然の事柄であろう。

∴(3) Aは真ではないか、と考える理由がある(7)。

これにたいして、かつてパースがあげた例をあてはめると、次のようになる。

(1) ここにひとにぎりの白い豆がこぼれている。(おどろくべき事実C)
(2) しかしあそこに白い豆のはいった袋がある。もしこれらの豆があの袋からこぼれた（これをAとする）とすれば、Cは当然の事柄であろう。

∴（3）これらの豆があの袋からこぼれたのではないか（すなわち、Aではないか）、と考える理由がある。

この定式は、（1）を命題q、（2）の前件を命題p、後件を命題qとするならば、次のようになる。

（1）q
（2）pならば、q
∴（3）p

このようにアブダクションは仮言的三段論法としてみるとき、伝統的論理学でいう「後件肯定の誤謬」をおかしている。たとえば、ここにこぼれている白い豆は、あそこの白い豆のはいった袋からではなく、だれかのポケットからこぼれたかもしれないのである。しかし、大胆な仮説をたてるとき、そこにはつねに誤謬の可能性がつきまとっている。「アブダクションの示唆は、あたかも閃光のようにやってくる。それは、ひとつの洞察のはたらきである。ただしそれは、きわめて可謬的な洞察である[8]」とパースはいい、また次のようにもいっている。「アブダクションによる示唆は、その真理性を疑問視することができ、また否定することさえできる示唆である。[9]」このように、アブダクションが可謬的であるからこそ、ある現象を説明するのに、私たちはくりかえし仮説をたて、ディダクションやインダクションをへて、それを検証することをくりかえすのである。こうして私たちは、「真理」とされる「意見」にむかって、あるいはその「意見」によって表現されている「実在」にむかって、すすんでいく。

3　可謬主義と晩年におけるパースの探究理論

可謬主義とパースの哲学

一八九七年頃に書かれた草稿断片のなかで、パースは次のようにいっている。「こうした諸観念の展開は、三〇年間にわたる努力によるものである。それを出版すべきであったかどうかは、私には判断がつかなかった。観念の成熟がきわめてゆっくりしたものであったからである。……こうして私の観念が成熟していく過程のなかで、何年ものあいだ、私は自分の諸観念を可謬主義（fallibilism）という名のもとに集約してきた。つまり、実際のところ、「真理の」発見にいたる第一段階は、自分はまだ十分な認識にはたっしていないのだ、ということをみとめることである。自分を正しいと思いこませる病原菌（the blight of cocksureness）ほど、確実にあらゆる知的成長をとめてしまうものはない。一〇〇人の良識ある人の九九人までが、そうした病気で駄目になってしまう。――しかも奇妙なことに、彼らの大半は、その病気におかされていることに気づいてさえいないのだ！

実に、私の哲学はすべて、つねに「こうした病気にたいして」悔いあらためた可謬主義からそだってきたように思われる。そしてこの可謬主義には、知識の実在性にたいする固い信仰と、さまざまな事物を発見したいという強い欲求がむすびついているのである。(10)」

私たちの探究が、アブダクション・ディダクション・インダクションをもちいることによっておこなわれ、私たちの知識は、あたらしい仮説を導入するアブダクションによって拡大する。しかしアブダクションは、誤謬をおかす可能性をつねにもっている。ここにパースの可謬主義（すなわち私たちの知識はけっして絶対的なものではないとする主張）をささえる根拠があるわけであるが、彼の可謬主義は、もっとも初期の論文「……諸能力にかんする疑問」や「四つの能力が欠けていること……」などにおいてすでにあきらかである。すなわち、ここでは、私たちには直観能力が欠けているゆえ、個人が直観的に真理を把握することはありえない、とされているからである。とくに後者の論文で、パースは次のようにのべている。「単一の個人を真理の絶対的な判定者にするのはきわめて有害である。……人びとが意見の一致にいたる科学においては、ある理論があらたに提唱されたとき、それは人びとの意見の一致が得られるまで、検討中のものとみなされる。そしてひとたび一致が得られると、確実性の問題は無意味なものとなる。なぜなら、現にそれをうたがうものがいなくなるからである。私たちが追求する究極の真理に、私たち個人個人が到達することをのぞむことはできない。私たちはただ哲学者の共同体（community）の一員として、それを追求することができるだけである。[11]」

可謬主義と連続主義

まえにみたように、この論文（「四つの能力が欠けていること……」）では、私たちの思考（記号）は、つねにそれにつづく思考（解釈項）によって解釈されるという連続的な過程にあるとされた。すなわち「いかなる対象を認識するときでも、その認識の最初の瞬間などないのであって、認識はかならず連続的な過程によって生じる[12]」のである。

こうした認識における連続性は、パースの後期思想では、形而上学的な「連続主義（synechism）」として提示される。すなわち、一八九一年から九三年にかけて雑誌「モニスト」に掲載された五つの連続論文では、パースの形而上学が展開され、「連続主義の哲学」が展開された。パースによれば、連続主義とは、「存在する一切のものは連続的であるとする主張」であり、「一切の事物は、不確実性と不確定性からなるもろもろの連続体（continua of uncertainty and indeterminacy）のなかにうかんでいる」という「連続性の原理」にもとづいている。しかし「連続性の原理は、可謬主義の観念を客観化したものである。なぜなら可謬主義とは、私たちの知識はけっして絶対的なものではなく、いわば、つねに不確実性と不確定性からなる連続体のなかにうかんでいる、という主張だからである。(13)」

初期の探究理論にたいする反省

パース哲学をそだてたものは、可謬主義と、さらに可謬主義とむすびついた知識の実在性にたいする信仰、それにさまざまな事物を発見したいという欲求であった。知識の実在性にたいする信仰とは、事物が実在することを前提として、誤謬をくりかえしながら探究をつづけるとき、究極において、これらの事物を把握する知識に到達するという信念である。またさまざまな事物を発見したいという欲求も、さまざまな事物が実在するという前提にもとづいている。

しかしこうした信念や欲求は、パースにおける初期の探究理論では、説明がつかないものである。なぜなら、そこでは、探究とは疑念から信念へという、信念を固定する過程であり、固定された信念は行動への前段階とはなるけれども、その行動がかならずしも実在の把握ないしは発見へとむかう欲求をもったものとはかぎらないからである。すなわち、前期の探究理論では、心理学的な観点から信念と行動のむすびつきが説かれても、実在の把握という行動目的は定められていないのである。一九〇三年、ハーヴァード大学でおこなわれた「プラグマティズムにかんする連続講演」（前出一一三頁）のなかで、パースは「論理学の基礎を心理学におこうとするこころみは、すべて本質的に底のあさいものであると思われる」[14]とのべているが、そもそもパースのいう「論理学」が「探究の理論」の基盤となるものである以上、ここには、あきらかに初期の探究理論への反省がしめされている。

「規範学」の理論

そこでパースは、この講演において、探究の本性をあきらかにする「規範学（normative science)」の理論を提起する。これは、すでに前年に執筆されながら未完におわった幻の著書『精密論理学』（一九〇二年）でも簡単にふれられているが、ハーヴァード大学における講演によれば、論理学、倫理学、美学が探究の規範となるべき学問であり、これらをふくむ哲学は次のように分類される。[15]

- 哲学
  - 現象学（phenomenology)
  - 規範学（normative science)
    - 美学
    - 倫理学
    - 論理学
  - 形而上学（metaphysics)

現象学は、普遍的な現象をひたすら凝視して、いたるところにある第一性(Firstness)、第二性(Secondness)、第三性(Thirdness)という要素[16]を識別する。規範学は、真と善と美という目的と現象との関係について普遍的、必然的な法則を考察する。そして形而上学は、現象の実在性の理解につとめる。

さて規範学の三つの部門については、次のように要約されている。「美学は、理想、すなわち、かけはなれたいかなる理由もなしに客観的に賞賛されるものにかんする学問である。……倫理学、すなわち正と不正にかんする学問は、最高善を決定するために美学に助力をもとめなければならない。倫理学はまた、自己制御された、すなわち熟慮された行為にかんする理論である。論理学は、自己制御された、すなわち熟慮された思考にかんする理論であり、それ自体、もろもろの原理を倫理学にもとめなければならない[17]。」

探究と最高善

以上のように論理学の基礎には倫理学があり、また倫理学の基礎には美学がある以上、論理学を基礎とする探究の理論は、結局、最高善を決定する美学に依存しなければならない。では、パースは最高善をどのように考えているのであろうか。

一九〇五年、雑誌「モニスト」に掲載された論文「プラグマティズムとはなにか」で、パースは次のようにいう。私は「最高善が行為にあるとはせず、進化過程にあると考える。そして進化過程によって、現存の事物は、現時点においてあらかじめ定められているといわれるもろもろの普遍（generals）を、ますます具体化していくのである。[18]」ここでパースがいう「もろもろの普遍」とは、普遍法則をさすものといってよい。

以上から、探究とは、規範学としての論理学と倫理学にみちびかれながら、自己制御された思考と行為をくりかえすことによって、現存する事物（現象）のなかから、普遍法則の具体的な把握にちかづいていくという進化過程を実現することである、といえよう。そしてこうした進化過程の実現こそ、最高善にほかならない。

「知識の実在性にたいする固い信仰」と、「さまざまな事物を発見したいという強い欲求」という二つの要素をもつ探究は、連続主義とむすびつくことによって、信念は行動への前段階であるとする心理学的な規定のほかに、以上のような「規範学」による基礎づけを必要としたのである。

パースにおける実在論と神

ここにいう実在論（realism）は、普遍的な概念や法則は心のつくりだした虚構である、とする唯名論（nominalism）にたいして、普遍的な概念や法則は実在する、とする主張である。パースは一八九三年の論文「決定論者たちへの回答」では次のようにいっている。

「私は、哲学にかんする諸問題について執筆してきた三〇年のあいだ、実在論的見解にたいする忠誠をけっして欠いたことはない。[19]」彼によれば、実在論と唯名論の論争は、法則と、法則のもとにある個々の事実のどちらを重視するか、の問題である。しかしパースは、実在論によって、さらに神の存在をも信じるにいたっている。一九〇八年の論文「神の実在にかんするひとつの無視された議論」(前出一一三頁)で彼はいう。

「神については、目をひらきなさい。――またひとつの知覚器官である心をひらきなさい。そうすれば神を見ることができる。しかし唯名論者は問うであろう。あなたは幻覚があることをみとめないのか、と。私は答える。もちろん幻覚はある。黒いと思っていたものが、近づいてよく見たら暗緑色だったということはある。しかし黒いと思われるものが存在しなければ、私はあるものを黒いと思うこともできない。また極めてまれなことながら自己犠牲なるものが存在しないならば、ある行動を自己犠牲的な行動と考えることもできない。そういった『普遍が存在しないという』懐疑主義にふけるのは、唯名論者であり、唯名論者だけである。科学の方法は、まさにこうした懐疑主義を非難するのである。[20]」パースによれば、「黒い」とか「自己犠牲」といった普遍が感覚をこえて実在するように、神という普遍もまた感覚をこえて実在するのである。このように実在論は、科学の方法と宗教的信念をむすびつけている。科学の方法をもっともすぐれた探究の方法とする彼の探究理論は、形而上学的あるいは存在論的な根拠のもとに、最終的にはここにいたっている。それを必然的な理論的発展とみるか、それとも結局は「理性にかなう」と思われる推論にもとづいて信念を固定する「先天的方法」(第3章参照)への後退とみるかは、にわかに断定することのできない問題である。

第5章 注

(1) パースのアブダクションについては、次の論文が年代順に、詳細にわたって綿密な検討をくわえている。

＊上山春平「アブダクションの理論」、人文学報、京都大学人文科学研究所、第四五号、一九七八年、一〇三―五五頁。

(2) 2. 760.

(3) 伝統的論理学の用語でいえば、本文のように定式化した場合、インダクションは「小概念不当周延の誤謬」をおかしており、アブダクションは「媒概念不周延の誤謬」をおかしているゆえに、誤謬が生じるのである。

(4) 2. 636.

(5) 5. 171. 傍線イタリック。なお連続講演、第六講に先だつ第五講「三つの善」でも、アブダクションにかんするおなじ主旨の主張がある。「科学が形成する観念は、すべてアブダクションをとおしてやってくる。アブダクションは、事実を研究し、事実を説明する理論を案出することにある。その唯一の正当化は、そもそも事物を理解できるとすれば、アブダクションによるしかない、ということである。」(5. 145.)

(6) Cf. 6. 468 f. この箇所は、論文「神の実在にかんするひとつの無視された議論」(前出一一三頁)の一部である。

(7) 5. 189.

(8) 5. 181.

(9) 5. 186.

(10) 1. 12-4.

(11) 5. 265. (山下訳、一二九頁)

(12) 5. 267. (山下訳、一三一頁)

(13) 1. 171.

(14) 5. 28.

(15) Cf. 5. 121 f.

(16) 「第一性」、「第二性」、「第三性」は、パースの提案する「カテゴリー」、あるいは「現象の基本様式」である。これらは、すでにもっとも初期の論文「新カテゴリー表について」(前出九三頁)で、それぞれ、「性質(quality)」、「関係(relation)」、「表象(representa-

tion)」とよばれたものにあたる。一九〇四年、英国の意味論の研究者、ヴィクトリア・ウエルビー（Victoria Welby, 1837-1912）女史にあてた手紙などにもとづいて、この三つを要約すれば、次のとおりである。第一性は、他のいかなるものとも関係しない、もののありかた。たとえば、自由、記述できない感情。第二性は、他のものと関係するがさらに第三のものとはかかわりのない、もののありかた。たとえば、衝突、抵抗、闘争。第三性は、ふたつのものを関係づける、もののありかた。たとえば、媒介、記号、法則。（Cf. 8. 328.）

（17）1. 191. この引用は、ハーヴァード大学における連続講演がおこなわれた年と同じ年（一九〇三年）に、ボストンのロウエル協会でおこなわれた講演のシラバスからのものである。

（18）5. 433.

（19）6. 605.

（20）6. 493.（傍線引用者）

第6章　ジェイムズと真理

1　ジェイムズの生涯

おいたち

まえにものべたように、一九世紀末から二〇世紀のはじめにかけてプラグマティズムの名称を全世界にひろめたウィリアム・ジェイムズは、一八四二年、ニューヨークにうまれた。父ヘンリー・ジェイムズ一世は、事業家であった祖父の遺産でくらす自由な宗教思想家で、神秘主義者E・スヴェーデンボリ（Emanuel Swedenborg, 1688-1772）の研究者であった。ウィリアム・ジェイムズは、五人の子供たちの長男で、作家ヘンリー・ジェイムズ二世（Henry James, Jr., 1843-1916）は、すぐ下の弟である。一〇歳のときから三年間、ニューヨークの小学校にかよったが、その後父の考えで、子供たちの教育のために家族全体でヨーロッパ各地を移住してまわり、一八六〇年（一八歳）最終的に帰国するまで、ロンドン、パリ、ブローニュ、ボンなどに滞在した。この年、画家を志望してW・M・ハント（William Morris Hunt）の弟子になるが半年で断念。翌年、ハーヴァード大学所属のローレンス科学学校に入学、化学をまなび、パースと知りあいになる。一八六四年（二二歳）、関心が生理学にうつり、ハーヴァード大学医学部に入学。一八六五年（二三歳）、地質学・古生物学・動物学者のルイス・アガシ（Louis Agassiz, 1807–73）の探検隊に参加、翌年までブラジルに滞在。一八六七年（二五歳）、ドイツに留学、生理学と心理学をまなぶ。このころ健康状態が悪化し、憂鬱症となり、これが終生彼をくるしめることになる。

W. ジェイムズ（1890年代）

一八六九年（二七歳）、医学博士の学位を得る。一八七二年（三〇歳）、健康状態が回復にむかう。ハーヴァード大学講師となり、比較解剖学および生理学の講義を担当。一八七五年（三三歳）、心理学の講義をはじめる。一八七七年（三五歳）、心理学講義の担当が生理学科から哲学科にうつり、二年後には哲学の講義もはじめることになる。一八七八年（三六歳）、結婚。

一八八四年（四二歳）、論文「感情とはなにか」を発表。たとえば、泣くことによってますます悲しみがつよくなり、怒りの表現をくりかえすことによって怒りが頂点にたっするように、悲しみとか怒りといった感情は、身体運動にたいする反応である、という学説（いわゆるジェイムズ＝ランゲ説）をのべた。一八八五年（四三歳）、哲学教授。一八九〇年（四八歳）、『心理学原理』出版。一八九二年（五〇歳）、『心理学要綱』出版。一八九四年（五二歳）、心霊学会会長をつとめる（九五年まで）。一八九七年（五五歳）、『信じる意志』出版。一八九八年、カリフォルニア大学で「哲学の概念と実際の結果」という講演をする。一八九九年（五七歳）、『教師への講話』出版。一九〇一年（五九歳）から翌年にかけて、英国エディンバラ大学でギフォード講義。一九〇二年、その内容を『宗教的経験の諸相』として出版。一九〇三年（六一歳）から翌年にかけて、『根本的経験論論文集』（一九一二年）におさめられた論文の大部分を執筆。一九〇六年（六四歳）、スタンフォード大学教授を兼任。この年、ボストンのロウエル協会でプラグマティズムにかんする連続講演をおこなう。翌一九〇七年、おなじ講演をコロンビア大学でもおこない、その内容を著書『プラグマティズム』として出版。一九〇八年（六六歳）、オックスフォード大学にてヒッバート講義。翌一九〇九年、その内容を『多元的宇宙』として出版。同年、『真理の意味』出版。一九一〇年（六八歳）、心臓病の療養のため、三に月ヨーロッパにわたるが、回復せず、八月に帰国し、同月ニューハンプシャー州チュコルアの山荘で死去。死後、『哲学の諸問題』（一九一一年）、『根本的経験論論文集』（一九一二年）、『論文・評論集』（一九二〇年）が出版された。

2　プラグマティズムとプラグマティシズム

パースとジェイムズの「プラグマティック・マクシム」の相違

一八七〇年代のはじめにパースが提案した「プラグマティック・マクシム」を、一九世紀末にジェイムズがカリフォルニア大学における哲学会の講演で紹介したことをきっかけにして、「プラグマティズム」という名称が全世界にひろまったことは第2章でのべた。そのときジェイムズはパースの提案した原型にジェイムズ独自の拡張解釈をくわえたため、両者の主張に注目すべき相違が生じた。ここに二つのマクシムをならべて比較してみよう。

（1）パースのマクシムはこうであった。
「私たちの概念の対象が、実際的なかかわりがあると思われるどのような結果（what effects, that might conceivably have practical bearings）をおよぼすと私たちが考えるか、ということをかえりみよ。そのとき、こうした結果にかんする私たちの概念が、その対象にかんする私たちの概念のすべてである。」（第2章六四頁参照）
（2）これにたいしてジェイムズが紹介したマクシムはこうである。
「ある対象についての私たちの考えを完全に明晰にするためには、その対象が実際的などんな結果（what conceivable effects of a practical kind）をふくんでいるか、——いかなる感覚がその対象から期待されるか、そしていかなる反応（reaction）を用意しなければならないか、を考えさえすればよい。こうした結果がすぐに生じるものであろうと、ずっと後におこるものであろうと、こうした結果についての私たちの概念が、その対象にかんする私たちの概念のすべてである。」（第2章五八頁参照）
ジェイムズが紹介したマクシムは、概念の意味を明確にするためには、その概念の対象がもたらす「実際的な……結果」を考慮すればよいとする点で、パースのマクシムとほぼ同一である。しかしそうした「実際的な……結果」と、パースのいう「実際的なかかわりがあると思われる……結果」とは、その内容に微妙なずれがある。

というのは、パースの「実際的な……結果」は、パース自身のあげる具体例でわかるように、概念の対象に実際的な操作（すなわち実験）をくわえることによって得られる経験をさしている。これにたいしてジェイムズの「実際的な……結果」は、そうした経験にとどまらず、概念の対象にたいする情緒的な「反応」をもふくむものである。右の文章につづくジェイムズの次の言葉は、こうした拡張を明示している。「私自身は、パース氏が表現しているより、もっとひろく表現すべきであると考えている。……そして私は、パースの原理を、むしろこういいあらわしたいと思う。すなわち、すべての哲学の命題の有効な意味は、つねに、能動的であれ受動的であれ、私たちの未来の実際的な経験における、ある特殊な結果に帰着させることができる。要点は、その経験が能動的でなければならぬという事実にあるよりも、その経験が特殊でなければならぬという事実にある。[1]」

ここで、実際的な結果には、万人が経験する普遍的な経験だけでなく、「特殊な」経験もふくまれることが強調されている。要するに、プラグマティック・マクシムにかんしてジェイムズの考える「実際的な結果」は、彼のもろもろの叙述からして、第一に、概念の対象にはたらきかけることによって得られる経験だけでなく、第二に、その概念をふくむ命題（すなわち観念）が真であると信じることによって得られるさまざまな結果をもふくむものである。たとえば、第一に、「ダイヤモンドは固い」というときの「固い」という概念の実際的な結果は、「もしダイヤモンドにナイフで切りつけても、傷がつかないであろう」という万人が経験する普遍的な経験である。しかしまた、たとえば、第二に、「戒律にそむけば地獄におちる」というときの「地獄」という概念の実際的な結果は、そうした経験ではなくして、その命題を信じることからくる、恐怖心、戒律の順守など、能動的であれ、受動的であれ、未来の特殊な経験である。パースのプラグマティック・マクシムは、概念のもたらす第一の実際的な結果のみをその概念の意味としたのにたいして、ジェイムズは、マクシムの拡張解釈によって、第二の結果をも概念の意味のなかにふくめたのである。

こうしてジェイムズは、第一の実際的な結果によって、事実にもとづく科学の「理論的な信念」が有意味であることをみとめるとともに、第二の実際的な結果によって、機械論的、唯物論的な科学にたいする「情緒的な反動」ともいえる有神論的、唯心論的な主張もまた有意味であることをみとめた。要するにジェイムズは、第2章でみたように科学と反科学の「両方の要求を満足させることのできるひとつの哲学」(前出五八頁)としてプラグマティズムを提唱したのである。

ジェイムズにたいするパースの批判——「プラグマティシズム」

観念の意味を明晰にする方法として提案されたパースのプラグマティズムを、ジェイムズが以上のように拡張解釈したことは、どのような変更をもたらすかはあきらかである。それは、経験的な検証可能な観念だけでなく、いかなる観念でも、その観念を信じることが、信じる者の行為や情緒に影響をあたえ、なんらかの実際的な結果をもたらすならば、その観念もまた有意味としてみとめることになる。

しかし一九〇五年の論文「プラグマティズムとはなにか」でパース自身がはっきりのべているように、パースにとってプラグマティズムの「存在理由」は、大半の無意味な形而上学の命題を一掃して、「本来の科学がもちいる観察的方法によって探究できる問題こそが、哲学にのこされた問題であることを……しめすのに役だつ(2)」ことである。しかしジェイムズのプラグマティズムは、こうした存在理由を否定することになる。したがってこの時点でパースは、自分の理論をジェイムズのそれと区別するために、皮肉をこめて次のようにいう。「私の子供『プラグマティズム』がこれほどまでに成長したのをみて、私は自分の子供にグッド・バイのキスをして、子供をより高い運命にゆだねるべきときがきたと思う。そしてもとの定義を正確に表現するために、『プラグマティシズム(Pragmaticism)』という言葉の誕生をつげたい。この名前はみにくいので、誘拐されることもないだろう(3)。」

パースによるプラグマティック・マクシムの書きかえ

パースは、ジェイムズを念頭におきながら、次のようにいう。「私の理解によれば、プラグマティズムはあらゆる観念の意味をたしかめる方法ではなく、私が『知的な概念(intellectual concepts)』とよぶものの意味をたしかめる方法である。知的な概念とは、その構造に、客観的な事実にかんする議論が依存する概念である。[4]」

こうしてパースは、前述の「プラグマティズムとはなにか」につづく論文「プラグマティシズムの論点」(一九〇五年)で読者の誤解をさけるために、プラグマティック・マクシムを次のように書きかえる。

「いかなるシンボルであれ、そのシンボルのもつ知的な(intellectual)意味内容のすべては、あらゆる可能なさまざまな状況と意図にもとづく条件のもとで、そのシンボルをうけいれることから結果する理性的な(rational)行為のあらゆる一般的な(general)様式の総体にほかならない。[5]」

ここでは「概念」が「シンボル」といいかえられているが、これは第4章でみたようなパース自身の記号論の発展によるものであろう。以前パースがあげた簡単な例(六四頁参照)をここで再度もちいて説明すると次のようになる。たとえば「固い」というシンボルをうけいれることから、「固い」対象にたいしてナイフで切りつけても傷がつかないことをたしかめるといったことのほかに、逆に、その対象(たとえば工業用ダイヤモンド)でもって金属に傷をつけたり、金属を切断したりするなど、さまざまな状況と意図におうじて、私たちはさまざまな行為をするであろう。こうした行為の様式のすべてが「固い」の意味内容だというのである。

しかし「知的な」意味内容とか、「理性的な」行為という限定は、ジェイムズのいう、反科学的な主張にもとづく「情緒的な」反応を排除するためであり、また「一般的な」という限定は、ジェイムズがおこなったような「特殊な」経験の強調をさけるためであったと思われる。

3　ジェイムズの真理観

ふたつの真理

プラグマティック・マクシムにたいするジェイムズの拡張解釈は、さらにそれを真理の基準としてもちいるところにまでおよぶ。すなわち、プラグマティック・マクシムは、もともと、観念が意味をもつかどうかをその実際的な結果をかえりみることによって判定する基準であるが、ジェイムズはそれを、観念が真であるかどうかをその実際的な結果を考えることによって判定する基準として利用する。

しかもジェイムズのいう「実際的な結果」には、

(1) その観念の対象に操作をくわえ、あるいは実験をおこなうことから予測される経験だけでなく、

(2) その観念を信じることによって得られるさまざまな結果

もふくまれていた。こうした二種類の実際的な結果によって、ジェイムズにおいて真理はふたつにわかれることになる。

実証的な真理

(1)『プラグマティズム』でジェイムズは次のようにいう。「真なる観念とは、私たちが自分のものとしてうけいれ (assimilate)、有効とみとめ (validate)、確認し (corroborate)、検証する (verify)、観念である。[6]」ここではさまざまな言葉がもちいられているが、要するに、観念の対象に操作をくわえることから予測される経験が獲得されることによって、その観念が真となるということである。たとえば「ダイヤモンドは固い」という観念から予測される「ナイフでひっかいても傷がつかない」という経験が、そうした予測どおりに得られるならば、その観念は真とされるのである。ジェイムズ自身のあげる例によれば、森でまよったとき、「牛がとおったらしい小道にそっていけば、一軒の家がある」と考え、その考えにしたがったとき、現実にその家が見えてくる。そのとき私たちは、その考えの十分な検証 (verification) を得たのである。そのような単純で十分な検証への

みちびきが、たしかに真理過程の根源であり、原形である。(7)」

ジェイムズの可謬主義

そしてジェイムズは、『哲学の根本問題』(一九一一年)で次のようにもいっている。「科学は、仮説のみをもちいて、……つねにそれを実験と観察によって検証することにつとめ、無限の自己修正と増進への道をひらく。(8)」こうした主張は、パースのいう「科学的探究」の主張にひとしく、またパースの「可謬主義」とおなじ立場にたつものである。そして「無限の自己修正と増進」のかなたに「絶対的真理」が想定されていることは、次の文章からあきらかである。「『絶対的に』真なるものとは、将来の経験がけっしてかえることのないものを意味し、私たちの一時的な真理が、ことごとくいつかそれにむかって集中していくと想像される、あの理念的な極限(the ideal limit)である。(9)」

ただし、それはあくまでも理念的なものであって、現実には存在しないことはいうまでもない。

限定的真理

(2)以上の実証的な立場とは別に、ジェイムズは次のように主張する。もし宗教上の観念が、具体的な生活をおくる上に価値をもつことがあきらかであり、ある種の人びとに宗教的なぐさめ(religious comfort)をあたえるならば、その観念は「『その限りにおいて』真（true 'in so far forth'）であるといわねばならぬ。いま私は、ためらうことなくそう断言する。[10]」

この文章にひきつづき、ジェイムズは「その限りにおいて真」とはいかなる意味であるかと問い、「これにこたえるには、プラグマティックな方法を適用しさえすればよい」という。すなわち、たとえば絶対者の観念を信じるものは、一切を絶対者にゆだねることができるゆえ、私たちに課せられた責任の苦悩から解放されて、安心立命の境地にたっすることができる。こうした「特殊な経験」すなわち実際的結果が考えられるならば、この観念は有意味であるばかりか、「その限りにおいて真」である、というのである。[11]

以上のように、ジェイムズの真理観は、一方では、真理とは「検証（verification）」もしくは「検証可能性（verifiability）[12]」であるとすることによって、科学的探究の立場にたつと同時に、他方では、「その限りにおいて真」なる観念、すなわち限定的真理をみとめることによって、宗教的な思考に道をのこそうとするのである。

真理と有用性

限定的真理は、ジェイムズによれば「それを信じることが有益（profitable）である限りにおいて『真』である[13]」観念である。つまり、検証不可能などんな観念であれ、それを信じる人にとって「有益で」あり、「有用（useful）」であり、「満足（satisfaction）」をあたえる観念であるならば、その限りにおいてそれは真であることになる。

ここには真と善、すなわち真理と価値の混同がある、と指摘されるのも理由のないことではない。しかし、それはあくまでも限定的真理にかんすることであり、ジェイムズはこのような真理観の導入によって、各個人の信仰の権利、あるいは信仰の自由をまもろうとしたのである。

しかしそれだけではなく、真理にかんして、ジェイムズには独自な主張があったことをみのがすことはできない。

それは、「真理を承認しなければならない私たちの義務は、無条件なものであるどころか、きわめて条件づきのものであり、……実在と一致しなければならない私たちの義務は、具体的な便宜性（concrete expediencies）という大密林に根ざしている」[14]という主張である。たとえば、「いま何時ですか」ときかれて、「私はアービング通り九五番地に住んでいます」とこたえたとき、この答はたとえ検証可能な観念であっても、真理とはいえない。すなわち、それが真理とされるためには、検証可能であると同時に、疑問にこたえる、という具体的な条件にあった、有用なものでなければならないのである。[15]大半の検証可能な観念は、「余分な真理（extra truths）」として蓄積されている。それは、必要におうじて、すなわち疑問にこたえ、疑念を信念にかえるという、パースのいう意味での「探究」のために、「冷蔵庫からとりだされて、現実世界ではたらくことになる。[16]」「そのとき、諸君はその真理について、『それは真理であるから、有用である』ともいえるし、また『それは有用であるから、真理である』ともいえる。このふたつのいいかたは、正確におなじことを、すなわち、これこそ現に役割をはたした観念であり、また検証可能な観念だ、ということを意味しているのである。真理とは、検証過程をはじめる観念にたいする名前であり、有用とは、その観念が経験においてはたした役割にたいする名前である。真なる観念は、けっしてそれだけをとりだすことはできないのである。[17]」

以上から、ジェイムズが、単純に真理と有用性を同一視したのではなく、問題解決という経験上の役割をはたすという意味での有用性を介してはじめて、真理が、真理という少なくとも「価値を暗示するような名前[18]」を獲得するのだ、と指摘していることが理解できるであろう。

真理観にかんするジェイムズの予言

ジェイムズはプラグマティズムの真理観についてこういっている。[19] およそ新しい理論があらわれると、

（1）まずそれは不合理な理論として攻撃される。

（2）やがてそれは正しい理論としてみとめられるが、わかりきった、とるにたらない

ものだといわれる。

（3）しかし最後に、それはきわめて重要なものになって、はじめそれに反対した人びとも、その理論は自分たちが発見したのだというようになる。

自分たちの主張する真理観は、いまのところ（1）の段階にあるが（2）のきざしもみえてきている、と。

後にみるように、パースやジェイムズが先鞭をつけたプラグマティズムの真理観は、ミードやデューイ、さらにはクワインやローティーによってそれぞれ独自のかたちでうけつがれ展開されることにより、いまや（3）の段階にあるといってよい。ジェイムズの見通しは的確であったといわなければならない。

第6章　注

（1）'Philosophical Conceptions and Practical Results', 1898, The Works of W. James, Harvard Univ. Pr., 1975, p. 259. Cf. Pragmatism, pp. 46-7.（桝田訳、三七頁、参照）

（2）5. 423.（山下訳、二三二頁）

（3）5. 414.

（4）5.467.
（5）5.438.（山下訳、二四七頁）
（6）W. James, Pragmatism, p. 201.（桝田訳、一五五頁）
（7）Ibid., p. 206.（桝田訳、一五九頁）
（8）W. James, Some Problems of Philosophy, Longmans, Green, and Co., 1911, p. 25.（上山春平訳「哲学の根本問題」、上山春平編『パース・ジェイムズ・デューイ』二七七頁）
（9）W. James, Pragmatism, pp. 222-3.（桝田訳、一七三―四頁）
（10）Ibid., p. 73.（桝田訳、五九―六〇頁）
（11）Ibid., pp. 73-4.（桝田訳、六〇頁）
（12）Cf. Pragmatism, p. 208.（桝田訳、一六二頁、参照）
（13）Ibid., p. 75.（桝田訳、六一頁）
（14）Ibid., pp. 232-3.（桝田訳、一八一―二頁）
（15）Ibid.
（16）Ibid., p. 204.（桝田訳、一五八頁）, Cf. Ibid., p. 231.（桝田訳、一八一頁、参照）
（17）Ibid., p. 204. 傍線引用者。（桝田訳、一五八頁）
（18）Ibid.
（19）Ibid., p. 198.（桝田訳、一五三頁）

第7章　ジェイムズと宗教

1　「信じる意志」

信仰と事実

なによりも事実を重視し、実験と観察にもとづく科学の成果をうけいれながら、なお宗教的な思考に道をのこそうとするジェイムズの立場は、彼がプラグマティズムを宣言する以前に出版された論文集『信じる意志』（一八九七年）にはっきりとあらわれている。この本に収録された同名の論文（一八九六年）で、彼は次のようにいう。私たちの日常生活においては、事実としてまだ検証されていない観念でも、その観念にもとづいて行動したとき、その事実がうみだされるような場合が数多くある。たとえば、チームの勝利を確信して試合にのぞむことによって、チームの力が十分に発揮され、試合に勝利する、といった場合である。このように「ある事実を確信することが、その事実をうみだす一助となりうる場合、科学的証拠が得られないうちに確信を先どりするのは、考える人のする『最低の裏切り行為』だ、と主張するのは健全な論理とはいえない。しかし今日、科学を絶対に正しいとする人たちは、私たちの生活をまさにこのような論理でしばりあげようとしている。(1)」

事実にたいする確信の先どりが、事実をうみだす一助となる場合の典型的な例は、「人生は生きがいがあるか」という問いにかかわる場合である。この問いについて、ジェイムズは、一八九五年に書いた同名の論文で次のように議論を展開している。

「人生は生きがいがあるか」

ジェイムズは、まずW・ホイットマン(Walt Whitman, 1819-92)の詩を引用し、ここにはひたすら生きる喜びがみなぎりあふれている、という。

「かんばしい大気を吸い、
語り、あゆみ、なにものかを手にとらえる……
極微の粒子にいたるまで、ものみなおどろきにみち、
いかに、ものみな霊気をおびていることか。
真昼に、天空をよぎり、いま、まさにしずまんとする太陽を、

私もまた、たたえ、
大地、および大地よりうまれでる万象の英知と
その美しさとに、私もまた、心をうたれる……
喜びにうちふるえる声で、私が自然をたたえるのも、
宇宙はまさに完全無欠、なげかわしい原因や結果も、
なにひとつ見あたらないからである。(2)」

地震、津波といった自然災害だけでなく、戦争やテロの恐怖におびえる現代社会においては、ホイットマンのあまりにも楽天的な姿勢におどろくが、彼は宇宙の悪はいわば病気であり、病気のことを気に病むのは、かえって病気を重くするだけだと考えていたのである。宇宙を善きものと信じることが、むしろ善き宇宙の到来をまねくと彼は感じとっていたのであろう。

またジェイムズは、もうひとつの例として二三歳のジャン゠ジャック・ルソー(Jean-Jacques Rousseau, 1712-78)が年上の恋人ヴァランス夫人と、レ・シャルメットですごした期間にかんするルソー自身の記録を引用し、ここにも幸福以外のことはなにものべられていない、という。

「私は……読書にふけり、……庭ではたらき、……家のなかの仕事をてつだっても、いたるところで私に幸福がつきまとった。幸福は、なにかこれといったひとつのことにあるのではなしに、私自身の内部にみちあふれていた。それは、一瞬たりとも私をはなれることがなかった。(3)」

このような気分が、一時的なものではなしに永続し、また万人がこのような気分になることができるなら、そもそも「人生は生きがいがあるか」といった問いは存在しないであろう。

絶望の歌

しかしジェイムズは、彼とほぼ同時代の英国の詩人ジェイムズ・トムソン(James B. V. Thomson, 1834-82)の作品『恐怖の夜の町』(一八七四年)を、人生の別の側面をあらわすものとして引用する。

「悲しい人生をおくる同胞《はらから》よ、人生はかくも短い。
ほんの幾年かたてば、みなに安らぎがおとずれる。
この息ぐるしい幾年かが、たえられないであろうか。
しかし、あなたがこのみじめな人生をまっとうしたくないならば、いつでも、それに終止符をうつのは、まさにあなたの自由なのだ。
死後に目ざめることもないであろう。……

人生の美酒も、私にとっては苦い毒薬でしかない。
昼間は悪夢のうちにすぎるが、
それは私にのこされた余命をうしなうよりおそろしく、
余命喪失こそ最高のなぐさめである。……

人生には私たちにとって善いものはなにもない。
だがそれもやがて終わり、そしてもはや二度と
あらわれることもない。
うまれる前のことについて、私たちはなにもしらない。
だから、地に葬られた後も、なにもわからないだろう。
このように思いをめぐらすことは、私にとって大きななぐさめだ。(4)」

人生にたいするこのような相反する態度のなかで、あらためてジェイムズは人生の生き

がいを問うのであるが、彼は次のようにいう。たとえば登山の途中で道にまよい、危険なことは覚悟のうえでとびおりるしかない崖っぷちに立ったとき、成功を確信してとびおりるのと、絶望したままとびおりるのとでは、結果はあきらかにちがってくる。

また、世界にたいする私たちの反応が世界にくらべていかに小さくとも、それが、世界を楽観的に、あるいは悲観的に定義するきめてとなる。それは、ちょうど長い文章も、「でない（not）」という三文字がつけくわえられることによって意味が逆転するのとおなじである。

そこでジェイムズはいう。「かくして諸君につげる私の結論はこうである。人生をおそれてはいけない。人生は生きがいがある、と信じよ。そのとき、この信念がその事実をうみだす一助となるであろう。その信念が正しいという『科学的証明』は、最後の審判の日（あるいはこの言葉が象徴するなんらかの最終段階）がくるまで、ありえないのである。(5)」

2　人間のふたつのタイプとそれぞれの宗教

一度うまれの人とその宗教

一九〇二年に出版された『宗教的経験の諸相』で、ジェイムズは次のようにいう。人間にはふたつのタイプがあって、ひとつは「健全な心」の持ち主であり、もうひとつは「病める魂」の持ち主である。前者は、万物を善きものとして楽観的にみる傾向をもち、いわばただ一度この世にうまれただけで幸福になることのできる人であり、後者は、この世を悪いものとして悲観的にとらえる傾向をもち、幸福になるためには、もう一度うまれかわらなければならない人である。

この区別は、イギリスの神学者、フランシス・W・ニューマン（Francis William Newman, 1805-97）の考えによるものであるが、ニューマンは、およそ次のように主張している。神は地上に、「一度うまれ（once-born）」と「二度うまれ（twice-born）」というふたつの系統の子をもうけられた。一度うまれの子は、神を厳格な審判者としてよりも、むしろ、美しい調和ある世界に生命をあたえてくれた、慈悲ぶかい存在と考える。皇帝のまえにでると、親は緊張のあまりふるえるけれども、子供はものおじしない。これと同様に、一度うまれの子は、神をおそれてたじろぐことをしない。「彼らは、神を崇拝することのなかに、ある種の安らかな満足感と、おそらくはロマンティックな興奮を感じるのである。」(6)

ジェイムズが一度うまれ型の代表的人物のひとりとするのは、ウォルト・ホイットマン（前出一五一頁）である。ホイットマンの弟子、R・M・バック（Richard M. Bucke, 1837-1902）によれば、ホイットマンほど多くのものを好み、わずかなものしか嫌わなかった人間はいなかった。彼にとって、草や木や花、小鳥や蛙、空の様子、等々、森羅万象が魅力をもっていた。彼はいかなる国籍や階級の人も、世界史のいかなる時代も非難せず、いかなる商売や職業の人や、またいかなる動物や昆虫、また無生物にたいしても悪くいわず、天候や苦痛、病気、その他なにごとについてもけっして不平をいわなかった。彼はののしることをせず、恐怖をおもてにあらわしたこともない。そもそも恐怖を感じたことがあるとは思えないほどであったという。(7)

ホイットマンについてジェイムズは、彼が文学史上重要な地位をしめているのは、人びとの心を解放し拡大するような情緒を思いのままに表現することによって、「情熱的で神秘的な、存在論的感動(8)」をあたえるからである、として高く評価しているが、いずれにせよ、こういう一度うまれ型の人にとっての宗教は、善こそが理性的存在者の心すべき根本的な事柄であって、宇宙の悪い面を心にとめたり、重視したりすべきでない、と説く宗教である。要するに、悪は、いわば病気であり、病気のことをくよくよと気に病むのは、これまたひとつの病気であって、もとの病気を重くするだけである、とされるのである。

ジェイムズによれば、スピノザ（Baruch de Spinoza, 1632-77）の哲学は、この種の「健全な心」をその核心にもっており、それが、スピノザ哲学のもつ魅力の秘密である。ジェイムズは、スピノザの著書『神・人間および人間の幸福にかんする短論文』の一部をほぼ次のように要約する。私たちは、人があやまちをおかすと、彼に良心の呵責や悔いの念がおこって、それが彼を正道につれもどしてくれるであろう、と期待する。またそれゆえ、これらの感情は善いものであると結論しがちである。しかし良心の呵責や悔いは、善い情念ではなく、かえって有害なものであることがわかる。なぜなら、それらにたよるよりも、知性と真理への愛にたよるほうがはるかにのぞましいことは明白だからである。呵責や悔いは特殊な種類の悲しみにすぎないゆえ、むしろこうした悲しみを人生から遠ざけるように努力しなければならない(9)。

結局、スピノザは、私たちにとって善いことも悪いこともふくめてあらゆる物事を神の定めた必然的な姿として、すなわち、「永遠の相のもとに(sub specie aeternitatis)」見るときの喜びを「神にたいする知的愛」とよんで、これを最高の善とするのであり、必然的な定めという「神の愛の甘美な鎖につながれ、かつその状態にとどまることが真の自由である(10)」とさえいうのである。こうした考えかたが、ジェイムズのいう一度うまれの人の宗教にほかならない。

二度うまれの人とその宗教

二度うまれの人の気質をしめす例として、ジェイムズはフランスの作家、アルフォンス・ドーデ(Alphonse Daudet, 1840-97)の文章を紹介している。ドーデは自分のことを二重人とよんで、ほぼ次のようにいっている。

最初に私が二重人であることを自覚したのは、兄アンリが死んだときであった。父は「アンリが死んだ」と悲痛な叫び声をあげた。第一の私は泣いたが、第二の私は「この叫びはなんて真にせまっているんだろう。舞台の上なら、どんなに素晴らしいことだろう」と考えた。そのとき私は一四歳であった。このおそろしい二重性は、しばしば私を苦しめた。しかし第二の私は、第一の私が日常を生きているあいだ、いつもすわりこんでいた。この第二の私を陶酔させ、涙をながさせることはできなかった。しかしこの第二の私は、なんとまあよく物事をみぬき、かつ愚弄したことであろう。(11)

一度うまれの人の宗教においては、世界はいわばストレートで、一重の構造をもっている。すなわち、宗教的な安らぎは、善の部分をプラスとし、悪の部分をマイナスとして差引勘定することによって得られる残高をプラスと考えるところにある。これにたいして二度うまれの人の宗教においては、世界は二重構造になっていて、宗教的安らぎを善と悪の差引残高にもとめることはできない。生命には、自然的な生命と霊的な生命のふたつがあり、いずれかひとつを得るためには、他方をすてなければならない。そして前者はうつろいやすいだけでなく、そこにはある種の虚偽がひそんでいて、私たちを真の善から遠ざけてしまうとされるのである。(12)

ジェイムズによれば、こうした二度うまれの人の宗教の典型は、アウグスティヌス（Aurelius Augustinus, 354-430）のそれである。アウグスティヌスはその著作『告白』（四〇〇年ごろ）でおよそ次のようにのべている。

——私には肉的な意志と霊的な意志のふたつがあって、これらはたがいにあらそい、私の魂をかきみだした。私は自分の欲望にしたがうよりも、神の愛に身をまかせるほうがよいことは確信していたが、欲望にしたがうほうが私をたのしませ、私をしばりつけて放さなかった。心のなかでは「ねむれる者よ、おきよ」という神のよび声にたいして、「ただいますぐに、はい、ただいますぐに」という、ものうげな、ねむそうな言葉を発するばかりであった。しかしこの「ただいま」はいつまでもこなかった。というのは、私は、神が私のねがいをはやくききとどけて、私の欲望の病を一気になおしてしまわれるのをおそれたからである。私は、欲望をけしてしまわれるよりも、欲望をみたされるほうをねがっていたのであった。私は、どれほどはげしく自分の魂をむちうったことであろう。しかし、私の魂はしりごみをしたのである。(13)……

こうした日がつづくなか、アウグスティヌスについに回心、すなわち二度目の誕生のときがやってくる。彼はこうのべている。

——私は神にむかってあわれな声をはりあげた。「いったい、いつまで、あした、またあした、なのでしょう。どうして、今ではないのでしょう。なぜ今このときに、みにくい私がおわらないのでしょう。」私は、こういいながら、魂をうちくだかれていた。そのとき、隣の家から、くりかえしうたうような調子で、「とりて、読め、とりて、読め(Tolle, lege. Tolle, lege.)」という、遊戯をする子供の声がきこえてきた。私にはこの声が、「聖書をひらいて、最初に目にとまった箇所を読め」という神の命令のように思えた。私は、さきほどの場所にとってかえし、聖書を手にとった。「酒宴と泥酔、淫乱と好色、争いとねたみをすてよ。主イエス・キリストを身にまとえ。肉欲をみたすことに心をむけるな。」[14]という文章が目にはいった。私はそれ以上読む必要はなかった。この文章を読んだ瞬間、いわば安堵の光が心のなかにそそぎこまれてきて、すべての疑いの闇はきえてしまったからである。[15]……

トルストイの場合

ジェイムズによる一度うまれの人と二度うまれの人の区別は、ジェイムズ自身がみとめるように、「いわば理念的な抽象であって、私たちがいつも出あう具体的な人間は、たいてい中間的な雑種であり、混合体である」ことはいうまでもない。[16]

トルストイ(前出四四頁)も一度うまれの人のような「健全な心」をもつには、あまりにも苦い酒をのみすぎた人であったが、彼の回心はかなりゆっくりとしたものであった、とジェイムズはいう。トルストイの著作『懺悔』(一八八二年)にみられる宗教的経験をジェイムズはほぼ次のように要約している。

小説『アンナ・カレーニナ』(一八七六年)の最後の数章を書きあげようとしていた、やがて五〇歳になろうかというトルストイに人生の危機が生じた。人間はなんのために生きるかがわからなくなり、ついに人生は無意味であるという確信をもつにいたったのである。

しかしトルストイは、この確信はただ有限な生命しか考慮していないことからくるものであることをさとった。彼は、有限なものの価値を、もうひとつの有限なもののなかにさがしていたのである。有限なものは無限なものにくらべれば無にひとしい。それゆえその結果は、0=0でおわる数学の方程式のようなものでしかなかった。したがって理性をこえた感情あるいは信仰をとおして無限なものをもちこまないかぎり、せいぜい0=0が理論的な理性の到達しうる最終的な結論である。ロシアの庶民とおなじように、無限なるものを信ぜよ、そうすれば、ふたたび生きることが可能となるであろう。

かえりみれば、ばかばかしい迷信に夢中になっていると思われた庶民の生活こそ、正常なものといわなければならない。二年かかって、ようやくトルストイは、次のような信念をかためるにいたった。自分が心をなやましてきたのは、上流の、知的、芸術的階級の生活であり、因習と虚栄と個人的野望の生活であった。彼は、このような生きかたをかえる必要があった。動物的な必要のために、はたらくこと、虚偽と虚栄をやめること、大衆の貧困をすくうこと、質素であること、神を信じること、そこに幸福はふたたびみいだされる。

さらに一年後のことについて、トルストイはこうのべている。早春のある日、彼は森のなかにただひとりいて、ふしぎな物音に耳をかたむけていた。……彼の内なる声が、なぜお前は遠くしか見ないのかとたずねた。それなしには人間が生きてゆけない神は、ここにおられる。神の存在をみとめることと生きることとは、同一のことなのだ。神は生命なのだ。さあ生きよ。そして神をもとめよ。神なしには生命はない。……このことがあってから、彼の心の内部でもまた彼の周囲でも、かつてないほどに万事がうまくはかどった。そしてその光明はきえることがなかった[17]。

以上が、ジェイムズのいう二度うまれの型にぞくするトルストイの宗教的経験である。

3 宗教とは

ジェイムズの定義

そもそも宗教とはなにか。『宗教的経験の諸相』で、ジェイムズは次のように主張する。

「私たちは、宗教をこういう意味に理解したい。すなわち宗教とは、孤独の状態にある個々の人間が、たとえなんであれ、自分が神的な存在と考えるものと関係していることをさとるかぎりにおいて生じる感情、行為、経験である、と。[18]」

このような宗教観にもとづいて、ジェイムズは、これまでみてきたように、宗教的な経験の諸相を記述しているのであるが、最後に彼がみいだした、さまざまな宗教生活に共通する特徴は、次のような考えかたと効果である。[19]

(1) 私たちの住む目にみえる世界は、より精神的な宇宙の一部分であり、前者すなわちこの世の重要な意味は後者からあたえられる。
(2) こうしたより高い宇宙との合一あるいは調和が、私たちの生きる真の目的である。
(3) 祈り、すなわちより高い宇宙の精神との心のまじわりによって精神的エネルギーをあたえられ、心理的、物理的な効果がうまれる。
(4) 生活にあたらしい熱意がうまれ、それが叙情的な感動をあたえ、あるいは真面目な英雄的な行為へのよびかけとなる。
(5) まもられているという確信と、おだやかな感情が生じ、他人を愛する気持ちがつよくなる。

宗教は以上のような共通の特徴をもちながら、なおさまざまなタイプの宗教が存在することはなげかわしいことではなかろうか、という問いにたいして、ジェイムズは「私は断固として『否』とこたえる」[20]という。なぜなら、人間ひとりひとりが、それぞれことなった境遇にあり、またことなった能力をもっている以上、めいめいが独自の視点から周囲の事実と問題をみつめ、これを独自の仕方で処理しなければならないからである。もし私たちが「病める魂」の持ち主であるならば、私たちは救いの宗教をもとめる。しかしもし私たちが「健全な心」の持ち主であるならば、また別の宗教をもとめるであろう。「人間ひとりひとりが、どんな経験であろうと、自分自身の経験のなかにとどまり、他の人びとは彼にたいして寛容であることが、まさしく最高に善いことである」[21]とジェイムズはいう。

超越的信仰

ジェイムズは、以上でみたように、あらゆる宗教に共通する特徴のひとつとして、より高いものとの合一ないし調和をあげているが、彼の仮説によれば、このより高いものがなんであれ、そのこちら側 (its hither side) は、潜在意識的に連続する私たちの意識生活である。そして宗教学にとって最善の道は、この戸口をとおって問題にはいっていくことである。しかし、それはあくまでも戸口にすぎないのであって、それをさらに一歩ふみこんで、私たちの意識が、限界をこえて私たちをはこんでいく先をみわたすとき、そこにはたとえば、神秘主義、あるいは回心の恍惚状態、等といったさまざまな問題が生じてくる、という。すなわち、ここから通常の日常経験をこえた「超越的信仰」(the over-beliefs)がはじまるのである。[22]

ジェイムズ自身の超越的信仰はこうである。「私たちの存在のはるかかなたにある限界は、感覚的な、たんに『理解できる』世界とはまったくちがった存在次元に食いこんでいる、と私は思う。それは神秘的領域と名づけてもよいし、超自然的領域と名づけてもかまわない。理想へとむかう私たちの衝動がこの領域からくるかぎり、……私たちは、目にみえる世界にぞくしているよりも、はるかに親密にこの領域にぞくしているのである。[23]」そして彼は、次のようにつづけている。「人間的経験が表現するものの全体は、客観的にみるかぎり、どうしても私をしてせまくるしい『科学的な』境界をこえさせずにはおかない。たしかに現実の世界は、自然科学がみるのとはちがった性質のものであり、自然科学がみとめるよりもはるかに複雑にできている。こうして、客観的世界をかえりみても、またうちなる主観をかえりみても、私は私が表明する超越的信仰を固守せざるをえないのである。個人個人がこの地上において、それぞれのつたない超越的信仰にたいして忠実であることが、やがて現実に神ご自身が大いなる御業《みわざ》をより効果的に誠実に実行されるうえに、神のお役にたつことになるのではなかろうか。[24]」

ジェイムズの真理観のひとつの側面をしめす「限定的真理」の主張の根底には、彼自身のこのような「超越的信仰」があるといえよう。

第7章　注

（1） W. James, The Will to Believe and Other Essays on Popular Philosophy, Dover Publications, Inc., 1956, p. 25.（福鎌達夫訳、ウィリアム・ジェイムズ著作集、第二巻、日本教文社、一九六一年、三五頁）

（2） Ibid., p. 33.（福鎌訳、四六―七頁）ホイットマン詩集『草の葉』のなかの詩編「別離の歌」におさめられた「日没の歌」より。(Walt Whitman, The Complete Poetry and Prose of W. Whitman, Pellegrini & Cudahy, 1948, p. 425.)

（3） Ibid., p. 33.（福鎌訳、四七頁）ルソー『告白』第一部、第六巻より。

（4） Ibid., pp. 35-7.（福鎌訳、四九―五三頁）James Thomson, The City of Dreadful Night, Canongate Press, Ltd., 1993, pp. 57-60.

（5） W. James, The Will to Believe, p. 62.（福鎌訳、八五―六頁）

（6） Francis William Newman, The Soul : Its Sorrows and its Aspirations, 1852, p. 91.（W. James, Varieties of Religious Experience, The Modern Library, 1956, pp. 79-80. 桝田啓三郎訳『宗教的経験の諸相　上』ウィリアム・ジェイムズ著作集、第三巻、日本教文

社、一九六二年、一一七―九頁)
(7) R. M. Bucke, Cosmic Consciousness, p. 182 f. (W. James, Varieties of Religious Experience, pp. 83-4. 桝田訳、上巻、一二三―五頁)
(8) W. James, Varieties of Religious Experience, p. 84. (桝田訳、上巻、一二六頁)
(9) Baruch de Spinoza, Tract on God, Man, and Happiness, Book 2, Chap. 10. (W. James, Ibid., pp. 125-6. 桝田訳、上巻、一九〇―一頁。畠中尚志訳『神・人間および人間の幸福にかんする短論文』岩波文庫、一九五五年、一四七―九頁、参照)
(10) Spinoza, Op. Cit., Book 2, Chap. 26. (畠中訳、二〇六頁)
(11) Alphonse Daudet, Notes sur la Vie, p. 1. (W. James, Ibid., pp. 164-5. 桝田訳、上巻、二四八―九頁)
(12) W. James, Varieties of Religious Experience, p. 163. (桝田訳、上巻、二四六―七頁)
(13) アウグスティヌス『告白』第六巻、第五―一一章からジェイムズの抜粋と要約による。(W. James, Ibid., p. 169. 桝田訳、上巻、二五五―七頁)
(14) ローマ人への手紙、第一三章、第一三―四節。
(15) アウグスティヌス『告白』第八巻、第一二章。(W. James, Ibid., p. 168. 桝田訳、上巻、二五四頁。山田晶訳、世界の名著、第一四巻、中央公論社、一九六八年、二八五―六頁、参照)
(16) W. James, Varieties of Religious Experience, p. 164. (桝田訳、上巻、二四七頁)

（17） Ibid., pp. 180-2.（桝田訳、上巻、二七四―六頁）
（18） Ibid., pp. 31-2. 傍線イタリック。（桝田訳、上巻、四四頁）
（19） Ibid., pp. 475-6.（桝田啓三郎訳『宗教的経験の諸相　下』ウィリアム・ジェイムズ著作集、第四巻、日本教文社、一九六二年、三三三―四頁）
（20） Ibid., p. 477.（桝田訳、下巻、三三五―六頁）
（21） Ibid., p. 478.（桝田訳、下巻、三三七頁）
（22） Ibid., p. 503.（桝田訳、下巻、三七三頁）
（23） Ibid., p. 506.（桝田訳、下巻、三七七―八頁）
（24） Ibid., p. 509.（桝田訳、下巻、三八二―三頁）

第8章　ジェイムズの「純粋経験」と多元論

1　意識の流れ

思考の基本的事実

ジェイムズは、『心理学原理』（一八九〇年）の九章「思考の流れ」で私たちの心を内面から研究することをこころみている。従来の心理学は、「単純感覚（simple sensation）」から出発して、これをいわば原子とみなし、あたかも煉瓦をあつめて家をたてるように、その原子の「連合」によって心理状態を説明しようとする「要素心理学」あるいは「原子論的心理学」であった。

しかしジェイムズによれば、意識はもろもろの対象、およびもろもろの関係の充満した多様性であり、単純感覚はそこから抽象されたものでしかない。「私たち心理学者にとって基本的事実は、なんらかの思考が進行していることである。」ただしここで「思考

(thought)」とは「意識のあらゆる形態を無差別にさす[1]」ゆえ、思考の進行とは後にみるように「意識の流れ（stream of consciousness）」にほかならない。そしてこうした事実をいいあらわすためには、'I think.' というよりも、'It rains.' とか 'It blows.' というのとおなじように、'It thinks.' というほうがより適切であるが、英語には、そういう表現はないので、'Thought goes on.'（思考が進行する）といわざるをえないのだ、とジェイムズは説明する。[2]

意識の五つの特徴

さてジェイムズは、思考過程には次のような五つの特徴があるという。

（1）個人性
（2）変化
（3）連続
（4）志向性
（5）選択

（1）については、あらゆる思考は個人的な意識の部分であって、他人にはうかがい知ることのできないものだ、ということである。そこには「絶対的孤立、徹底的多元」があり、個人と個人とのあいだの断絶は、「自然におけるもっとも絶対的な断絶[3]」である。後にみるように、ジェイムズが多元論（pluralism）の立場にたつのも、こうした、意識にかんする基本的な考えかたにもとづいている。

（2）は、各人の個人的な意識内で、思考はつねに変化する、ということである。私たちはいま推理して次に行為し、いま回想して次に予期し、いま愛して次に憎む。

以上の主張にかんして、変化と思われるものは、すべて単純な状態の結合によって生じた複雑な状態にすぎず、単純感覚からうまれる単純観念の複合によって説明できる、とする考えかたがある。しかし、同一の対象がかならずしも同一の単純感覚をあたえるとはかぎらないことは、たとえば、あるときには楽しくさわやかに感じられる小鳥の歌やそよ風が、気分や年齢の差によって、もの悲しくあるいはうっとうしく感じられることからもあきらかである。

意識の流れ——その実質的部分と推移的部分

（3）の連続という特徴は、個人の意識内で、思考はつねに連続している、ということである。これは意識が一時中断したときでも、まえの意識とあとの意識が同一の自我の部分として連続していることを意味する。

たとえば、ポールとピーターがおなじベッドで目をさましたとき、ポールの現在の意識はポールの過去の意識とつながるのであって、けっしてピーターのそれにつながることはない。過去の意識は、現在の意識とのあいだに断絶があっても、つねに自分の意識としてとらえられるのであり、ジェイムズはこれを「思考の流れ」、または「意識の流れ」あるいは「主観的生活の流れ(4)」とよぶ。

そしてこうした意識の流れは、鳥の生活のように、飛行と停止の交代である。ひとつの考えを文章であらわし、その文章をピリオドでとじるという言語のリズムは、このことをしめしている。とじた文章（考え）が、意識の流れの「実質的部分（substantive parts）」であり、また次に文章がはじまって、とじるまえのあいまいな状態が意識の流れの「推移的部分（transitive parts）」である。しかし後者を把握するのは、きわめてむずかしい。というのは、発話されていた最後の語がとらえられたとしても、その語が発話されるまでにいたるあいまいな意識過程はすでにきえてしまっているからである。それは、あたかも雪の結晶をとらえるようなもので、手でつかんだときには、結晶はすでに水滴に変化してしまっている。

このように意識の流れの推移的部分をとらえるのが困難であることから、従来の経験論や合理論は、意識の実質的部分のみを強調し、推移的部分を無視してきた。しかしジェイムズによれば、意識の流れの推移的部分には、事物の関係を把握する「感じ（feelings）」とでもいうべきものが存在する。私たちのもちいる言語の接続詞や前置詞は、すべて私たちがある瞬間に事物のあいだに存在することを感じとるなんらかの関係を表明しているのである。たとえば、「もし……ならば」という接続詞についていえば、それは、もしAという事態がおこれば、それにつづいてBという事態がおこるであろう、というAとBの関係を私たちは意識の推移的部分において「感じ」によって把握していることをしめしている。「このことを客観の側からいえば、事物間の客観的な関係がそこにあらわになる、ということである。そしてこのことを主観の側からいえば、意識の流れがそうした実在的な関係のそれぞれにたいして、みずからの内的陰影によって対応している、ということである。[5]」

私たちは、たとえば「青の感じ」「冷たい感じ」などという。同様に、私たちは「もしの感じ」「しかしの感じ」「によっての感じ」などということができるはずである。しかし実際にはそうでないのは、意識の流れの実質的部分のみをみとめて、推移的部分を軽視する習慣がいかに根づよいかをしめしている。

意識の志向性と選択

（4）思考が志向性という特徴をもつということは、思考はつねに思考とは独立の対象をとりあつかう、ということをさしている。すなわち、私たちの思考（意識）はつねに対象にかかわり、対象を認識する機能をもっている。対象といっても、それは自分の感情のように主観的な場合もあれば、音の知覚のように客観的な場合もある。なお、私たちは、対象を認識するだけでなく、対象を認識していることを認識する。さらにジェイムズは、私の思考の対象が彼の思考の対象とおなじであるとか、私の現在の思考の対象が過去の思考の対象とおなじであるといった、「同一性（sameness）が、思考のそとにある実在にたいする信念の根拠である」[6]と主張する。

（5）の選択は、思考はつねに対象のある部分を選別している、という意味である。たとえば、ヨーロッパの団体旅行に参加したとき、全員がおなじ場所をまわったにもかかわらず、Aは異国の服飾と料理を記憶しているのにたいして、Bは建築と音楽のことしか思いうかばない、といったことがよくある。全体として、人間の選択はほぼ似かよっているけれども、各人がけっして同様に選択することのないものがある。各人がいわば全宇宙を区分して、めいめいがその部分に関心をいだいている。それが各人の「自我」を構成するのである。[7]

2　根本的経験論

純粋経験

ジェイムズの死後出版された『根本的経験論論文集』（一九一二年）の第一論文「『意

識』は存在するか」（一九〇四年）でジェイムズは、意識は実体として存在するものではなく、意識という言葉は事物を知る機能（すなわち、はたらき）をあらわしているにすぎない、と主張する。そして「事物はただ存在するだけでなく、事物は報じられ、知られる、という事実を説明する必要から、『意識』が仮定されるのだ(8)」という。

こうした立場からジェイムズは、有名な「根本的経験論（radical empiricism）」を展開するのであるが、彼はまず、世界のあらゆるものを構成する素材がただひとつだけ存在するという仮定から出発して、この素材を「純粋経験（pure experience）」と名づける(9)。このとき、なんらかの事物を「知ること」は純粋経験のなかにふくまれる諸関係のひとつであって、この関係を構成する「項（terms）」の一方が知識の主体すなわち「知るもの」であり、他方が対象すなわち「知られるもの」である。

したがって、通常おこなわれるように経験を「意識」と「内容」にわけるのは、いわば引き算によるのではなく、足し算によるものである。すなわち、純粋経験というあるひとつの不可分の経験が、一方の文脈におかれると、「知るもの」の心の状態である「意識」の役割を演じることになるが、他方の文脈におかれると、そのおなじ不可分の経験が「知られるもの」の客観的な「内容」の役割を演じることになる。つまり、ひとつの経験を二度かぞえているのであって、経験から内容をひくと意識がのこる、あるいは逆に経験から意識をひくと内容がのこる、といった引き算を考えることはできない。

純粋経験は、一方では、たとえば読者の「意識野（field of consciousness）」であり、これは「個人的伝記（personal biography）」につながり、一連の感覚、感情、決意、期待、等々の、現時点でおわる最終項であるとともに、未来へとひろがっていくおなじ作用の最初の項でもある。

他方それは、たとえば読者がすわっている部屋であり、先行するさまざまな物理的出来事、すなわち大工の作業、家具のとりつけ、暖房工事、等々の終点であるとともに、未来のいろいろな物理的出来事の起点でもある。

根本的経験論

つづいてジェイムズは、第二論文「純粋経験の世界」（一九〇四年）で次のように宣言する。「私は、私の世界観を『根本的経験論』と名づける。……根本的であるためには、経験論は、直接的に経験されないいかなる要素も、その構造内にとりいれてはならず、また直接的に経験されるいかなる要素も排除してはならない。こうした哲学にとっては、経験と経験をむすびつける関係それ自体が、経験される関係でなければならず、およそ経験されるいかなる種類の関係も、体系のなかの他のすべてのものと同様に『実在的』とみなされなければならない。(10)」

ここでジェイムズが経験論に「根本的」と形容詞をつける理由のひとつは、直接経験されない要素はこれを実在としてみとめないということであり、もうひとつは、直接経験されるいかなる要素もこれを実在としてうけいれるということである。後者の理由から、ジェイムズは因果関係の必然性を否定したD・ヒューム (David Hume, 1711-76) の経験論を批判することになる。[11] しかし直接経験の範囲をどのように規定するかという点で微妙な問題があるように思われる。前章でみたように、ジェイムズは「人間的経験が表現するものの全体は、客観的にみるかぎり、どうしても私をしてせまくるしい『科学的な』境界をこえさせずにはおかない。たしかに現実の世界は、科学がみるのとはちがった性質のものであり、自然科学がみとめるよりもはるかに複雑にできている」[12] というのであるが、ここには彼の根本的経験論にともなう超越的信仰がある。

そして彼の立場は、「存在とは知覚されることである (Esse is percipi.)」としたG・バークリ (George Berkeley, 1685-1753) や、外的対象とは「永続的に感覚できること (permanent possibility of sensation)」にほかならないとしたJ・S・ミル（前出一一二頁）の経験論よりも、「自然的実在論 (natural realism) により多くの親近性をもつ」[13] ことを彼自身みとめている。彼がいう自然的実在論とは、次のような主張である。「あなたの対象は、……私の対象とおなじものである。もし私があなたに、あなたの対象、たとえば私たちにおなじみのメモリアル・ホールはどこにあるかとたずねたら、あなたは私が見ているあなたの手で、私のメモリアル・ホールを指さす。もしあなたがあなたの世界のある対象に変更をくわえるなら、たとえば、私の目のまえでローソクの火をけすとすれば、事実上、私のローソクの火はきえてしまう。……

こうして、実際上、私たちの心は、それらが共通にわかちもっている対象の世界のなかで出あうのであって、この共通の世界は、私たちの心のいくつかが滅亡してもなお存続するのである。[14]」

このように、知覚が個人をこえた客観的なものとしてなりたつという意味での普遍性や、あるいはまた知覚が複数の個人のあいだにも共通になりたつという意味での間主観性を保証するものとして、私たちが共通にわかちもっている世界、すなわち実在、が仮定されている。

西田哲学と純粋経験

ジェイムズがなくなった翌年、一九一一年に出版された西田幾多郎（一八七〇―一九四五）の『善の研究』は、その後の展開もふくめて、いわゆる西田哲学の核心が提示された著作であるといわれるが、そこにはあきらかにジェイムズの「根本的経験論」の影響がみられる。

『善の研究』の冒頭、第一編「純粋経験」は、次のような文章ではじまっている。「経験するというのは事実そのままに知るの意である。まったく自己の細工をすてて、事実に従うて知るのである。純粋というのは、普通に経験といっているものもその実は何らかの思想をまじえているから、毫も思慮分別を加えない、真に経験そのままの状態をいうのである。たとえば、色を見、音を聞く刹那、まだこれが外物の作用であるとか、我がこれを感じているとかいうような考えのないのみならず、この色、この音は何であるという判断すら加わらない前をいうのである。それで純粋経験は直接経験と同一である。自己の意識状態を直下に経験したとき、いまだ主もなく客もない、知識とその対象とがまったく合一している。これが経験の最醇なるものである。[15]」

こうした主客未分の境地は、まさにジェイムズのいう「純粋経験」にほかならない。なぜなら、ジェイムズの「純粋経験」は、それ自体としては「いまだなに (what)」という明確な規定をもたない、ひとつのそれ (that)」にすぎないからである。[16]

ところで『善の研究』は、第二編「実在」、第三編「善」、第四編「宗教」、という構成からもあきらかなように、純粋経験によって実在とその認識を説明し、また純粋経験によって善を基礎づけ、さらにまた純粋経験によって宗教の本質をあきらかにしている。

たとえば第二編で西田は次のようにいう。「少しの仮定もおかない直接の知識にもとづいてみれば、実在とはただわれわれの意識現象すなわち直接経験［すなわち純粋経験］の事実あるのみである。このほかに実在というのは思惟の要求よりいでたる仮定にすぎない。(17)」

そして第三編では、「真の善とはただ一つあるのみである。すなわち真の自己を知るというにつきている。われわれの真の自己は宇宙の本体である。真の自己を知れば、たんに人類一般の善と合するばかりでなく、宇宙の本体と融合し、神意と冥合するのである。宗教も道徳も実にここにつきている。しかして真の自己を知り神と合する法は、ただ主客合一の力を自得するにあるのみである(18)」といい、さらに第四編では、「純粋経験の事実が唯一の実在であって神はその統一であるとすれば、神の性質および世界との関係も、すべて我々の純粋経験の統一（すなわち意識統一）の性質および意識統一とその内容との関係より知ることができる(19)」という。

もちろんこのような主張は、ジェイムズの主張とそのままかさなるものではない。右の引用にもみられるように「主客合一の力を自得する」ことを説く西田は、さらに次のようにつづけているのである。「しかしてこの［主客合一の］力を得るのはわれわれのこの偽我を殺しつくして一たびこの世の欲より死して後よみがえるのである。……かくの如くしてはじめて真に主客合一の境にいたることができる。これが宗教、道徳、美術の極意であ

る。キリスト教ではこれを再生といい仏教ではこれを見性《けんしょう》という。」（第三編）[20]

しかしジェイムズのいう、主客未分の境地をさす「純粋経験」は、西田のいうようなある種の努力によって獲得されるものではないことは次の主張からもあきらかである。「『純粋経験』とは、私たちが概念的枠組みをもちいて、あとからくわえる反省に材料を提供する、直接的な生の流れに私がつけた名称である。うまれたばかりの赤ん坊、あるいは睡眠、麻酔薬、病気、打撲などによってなかば昏睡状態にある人だけが、文字どおりの意味での純粋経験をもつとみなすことができるであろう。[21]」しかし少なくともジェイムズのいう「純粋経験」が、仏教とくに禅宗の思想とともに、西田哲学の核心に影響をあたえていることはたしかである。

3　ジェイムズの多元論

経験論と多元論

ジェイムズの主著のひとつである『多元的宇宙』（一九〇九年）によれば、経験論は多元論的な見解にかたむく。なぜなら、経験論は「部分によって全体を説明する習慣[22]」であり、世界全体の絵をかくとき、世界のさまざまな部分のなかで、私たちが経験した限られた部分のみを材料としてもちいるゆえ、世界全体を一元論的に統一されたものとしてえがくことができないからである。これにたいして合理論は、「全体によって部分を説明する習慣」であり、全体は統一とともにあるゆえ、一元論と親近性をもつ。

こうした合理論的一元論者として、ジェイムズはヘーゲル（Georg Wilhelm Friedrich Hegel, 1770-1831）をとりあげる。ジェイムズによれば、ヘーゲルのヴィジョンはふたつにわかれる。ひとつは、理性が一切を包括するというヴィジョンであり、いまひとつは、事物は弁証法的であるというヴィジョンである。

ヘーゲルの弁証法的な世界

ヘーゲルが後者のヴィジョンによってえがく絵は、世界のかなりの部分をうまくあらわしている、とジェイムズはいう。

たとえば、「……人工的な躾《しつけ》と訓練の極致として、単純さや自然らしさがうまれる。おしみなく身体や力や金をつかうことによって、はじめて健康や強さや富が増大する。不信にたいする不信から、商業上の信用制度がうまれる。無政府主義的な発言や革命的な発言にたいして寛容であることが、そうした発言の危険性をへらす唯一の方法である。……本当の快楽主義者は大いに節制しなければならない。徹底的な懐疑によって確実性への道が得られる。徳とは汚れのないことではなく、罪を知ってそれを克服することである。自然にしたがうことによって、自然を支配する、などなど。さらに倫理的な生活や道徳的な生活は次のような矛盾にみちている。敵がにくいというのか？　よろしい。敵をゆるしなさい。そうすれば敵が恥いることになる。自己を実現するためには、自己をすてなさい。自分をうしなってはじめて自分の魂がすくわれるのだ。[23]」

このような多くの実例からしても、「現実のある種の経験的な側面の報告者として、ヘーゲルは偉大であり、真理を語っている。しかし彼は、たんなる経験的な報告者であるよりも、もっと偉大な存在になろうとした。……すなわち彼は、すべてをむすびつけ、議論の余地のないほど確実な、ひとつの真理という考えかたに支配されていた。この真理は、わかちがたく、永遠で、客観的で、必然的なものでなければならなかった。[24]」こうした真理の考えは、一切の矛盾を調停し、「一切を包括する理性」という、ヘーゲルのもうひとつのヴィジョンからくるものである。

ヘーゲル批判

しかしジェイムズは多元論の立場から、次のようにヘーゲルを批判する。「多元論的な見解によれば、私たちが考えることのできるものはすべて、どんなに広大でかつ包括的なものであろうと、なんらかの種類の、なんらかの大きさの、まさしく『外部の』環境にとりまかれている。事物はさまざまなありかたにおいて、相互に『共存』する。しかし一切をつつみこんだり、一切を支配する［理性のごとき］ものはなにもない。あらゆる文章に

『そして』という言葉がついてまわる。いつもなにかがぬけおちている。宇宙のどこかに一切を包括するものを得ようとしてなされた最良のこころみについてさえ、『まだ十分ではない』といわなければならない。このように、多元的な世界は、帝国や王国よりも連邦共和国に似ているのである。[25]」

第8章　注

（1）W. James, The Principles of Psychology, Vol. 1, Dover Publications, Inc., 1950, p. 224.
（2）Ibid., p. 225.
（3）Ibid., p. 226.
（4）Ibid., p. 239.
（5）Ibid., p. 245.
（6）Ibid., p. 272.
（7）Cf. Ibid., p. 290 f.
（8）W. James, Essays in Radical Empiricism, Longmans, Green, and Co., 1958, p. 4.（桝田啓三郎・加藤茂訳『根本的経験論』白水社、一九七八年、一七頁）

(9) Ibid.
(10) Ibid., pp. 41-2.（桝田・他訳、四五―六頁）
(11) Ibid.
(12) W. James, Varieties of Religious Experience, p. 509.（桝田訳、下巻、三八二―三頁）
(13) Essays in Radical Empiricism, p. 76.（桝田・他訳、七一頁）
(14) Ibid., pp. 79-80. 傍線イタリック。（桝田・他訳、七三―四頁）
(15) 西田幾多郎『善の研究』岩波文庫、一九七九年、一三頁。（読みやすくするために少し字句を変更した。以下同じ。）
(16) Op. cit., p. 93. 傍線イタリック。（桝田・他訳、八四頁）
(17) 西田、前掲書、六六頁。
(18) 西田、前掲書、二〇六頁。
(19) 西田、前掲書、二三四頁。（傍線引用者）
(20) 西田、前掲書、二〇六―七頁。
(21) Essays in Radical Empiricism, p. 93.（桝田・加藤訳、八四頁）
(22) W. James, A Pluralistic Universe, Longmans, Green, and Co., 1958, p. 7.（吉田夏彦訳、ウィリアム・ジェイムズ著作集、第六巻、日本教文社、一九六一年、七頁）
(23) Ibid., pp. 98-9.（吉田訳、七七―八頁）
(24) Ibid., p. 100.（吉田訳、七八―九頁）

(25) Ibid., pp. 321-2. (吉田訳、二四三―四頁)

第9章　ミードの「社会的行動主義」と言語論

1　ミードの生涯

G・H・ミードは、W・ジェイムズなどの影響のもとに、「社会的行動主義（social behaviorism）」をとなえた。彼はまた、コミュニケーション論や自我論においてユニークな思想を展開し、哲学はもとより、社会心理学や社会学の領域においてもひろく知られているが、彼の死後五〇年を経過した一九八〇年代になって、現象学的社会学、構造主義、フランクフルト学派など多くの流派からふたたび注目をあび、「ミード・ルネサンス」という言葉がもちいられているほどである。(1)

おいたち

ミードは、一八六三年、マサチューセッツ州サウス・ハドリーにうまれた。農夫と牧師を家系とする父ハイラム・ミードは、会衆派教会の牧師であり、多くの学者や政治家を先祖にもつ母エリザベスは、夫の死後、大学の教師をした。一八七〇年（七歳）、父がオハイオ州のオバーリン大学の教授としてまねかれたため、一家はニュー・イングランドから中西部にうつった。

一八七九年（一六歳）、オバーリン大学入学。入学前の一夏、農場ではたらき、なれない労働に従事した。万一、種牛におそわれたら、片ひざをついて身をひくくし、親指と人差し指を牛の鼻孔につっこんでとりおさえるようにおそわった彼は、「公式」というものの有効性を確信するようになったという。

G. H. ミード（1927年）

一八八一年（一八歳）、父が死んだため、経済的にきびしい状態になり、大学食堂の給仕をして生活費をかせいだ。

一八八三年（二〇歳）、オバーリン大学卒業。学校の教師となるが、勉強する気のない生徒たちに手をやき、半年もたたないうちにやめる。その後三年間、鉄道会社の測量技師となる。測量の仕事は、ウィスコンシン中央鉄道をアメリカ中西部のミネアポリスからカナダ中南部のムース・ジョーまで延長して、カナダ太平洋鉄道につなぐためのものであった。直線距離にしても一〇〇〇kmをこえる広大な土地のなか、ミネアポリスから出発した彼らの測量が、カナダ側から出発した相手の測量と、ほとんど狂いもなく合致したときは感銘をうけたという。こうしたことが、科学的方法にたいする信頼を生涯もちつづけるきっかけとなった。

一八八七年（二四歳）、ハーヴァード大学編入。主として、ジョサイア・ロイス（Josiah Royce, 1855–1916）とW・ジェイムズの講義をきく。一八八八年、ハーヴァード大学卒業。哲学と心理学の研究のため、ドイツ留学。ライプチヒ大学で、心理学者W・ヴント（Wilhelm Wundt, 1832–1920）などの講義をきき、翌年、ベルリン大学にむかう。ここでは哲学者W・ディルタイ（Wilhelm Dilthey, 1833–1911）と心理学者H・エビングハウス（Hermann Ebbinghaus, 1850–1909）などの講義をきく。

一八九一年（二八歳）、ベルリンで友人の姉ヘレン・キャスル（Helen Castle）と結婚。翌年、夫妻はアメリカに帰国し、ミシガン大学の哲学・心理学科の講師となる。ミシガン大学にはJ・デューイや社会学者のC・H・クーリー（Charles Horton Cooley, 1864-1929）がいた。デューイとの親交は死ぬまでつづいたが、人間の自我を、他人や社会との関連においてあきらかにしようとしていたクーリーからも大きな影響をうけた。

一八九四年（三一歳）、デューイとともにミシガン大学からシカゴ大学にうつる。デューイは新設された大学の哲学科の主任教授、ミードはその下の助教授となる。ここでは「論理学」「倫理学」「比較心理学」「社会心理学」「一九世紀思想史」などの講義を担当した。

一九三一年、三七年間在籍したシカゴ大学をはなれ、すでにデューイがうつっていたコロンビア大学にうつる予定であったが、突然の死にはばまれた。享年六八歳。

ミードの著作

ミードは生前には本を出版していない。講義ノートを編集したり、論文を集成したりして死後出版された四つの著作は、次のとおりである。

『現在についての哲学』（一九三二年）

『精神・自我・社会』（一九三四年）

『一九世紀の思想のうごき』(一九三六年)
『行為の哲学』(一九三八年)

以上の主著のほかに、それぞれミードの主要論文と、講義ノートをあつめた次のような選集が出版されている。

『G・H・ミード選集』(一九六四年)
『個人と社会的自我』(一九八二年)

2 プラグマティズムと社会的行動主義

ミードのプラグマティズムの特徴

パースの章でのべたように、プラグマティズムの特徴は、思考を行動(もしくは行為)およびその結果との関連においてとらえる点にあった。パースのプラグマティズムによれば、思考とは、それにもとづいて行動できる信念を形成するプロセスであり、信念は行動への前段階であった。ミードはその主著のひとつ『一九世紀の思想のうごき』のなかで、このことを次のようにいいかえている。プラグマティズムのもっとも重要な側面は、思考や「認識の過程は行為(conduct)の過程にふくまれる、とする点である。こうした理由から、プラグマティズムは、実際的な哲学、あるいは日常の哲学といわれてきた。プラグマティズムは、思考や認識の過程を行為のなかにもちこんだのである。[2]」

さてミードは、みずからのプラグマティズムについてふたつの面を強調する。そのひとつは
(1) 社会的行動主義心理学であり、もうひとつは
(2) 科学的方法である。
ここでミードがいう社会的行動主義心理学は、J・B・ワトソン(John Broadus Watson, 1878-1958)などの主張する行動主義心理学ではなく、ジェイムズの動作心理学(mortor psychology)の流れをくむ心理学である。

ワトソンの行動主義心理学

ワトソンは「行動主義者からみた心理学」(一九一三年)という有名な論文で、これまでの心理学が心すなわち意識を対象とし、その主要な研究方法が意識過程を内省するいわゆる「内観法」であったことを批判して、心理学は意識にかんする学問ではなく、人間の行動を外部から観察する、行動にかんする科学であるべきだ、と主張した。そして彼は、心理学がもちいるべき唯一の方法は観察と実験という客観的方法である、と説いたのである。

彼はまた、ロシアの生理学者I・P・パヴロフ(Ivan Petrovich Pavlov, 1849-1936)

の条件反射説の影響をうけ、人間だけでなく動物の行動は、すべて刺激にたいする反応という観点から解明されるのであって、動物実験によって人間行動の基本的原理をみいだすことができるとした。

このようなワトソンの行動主義心理学にたいして、ミードは次のようにいう。「彼は『心』とか『意識』という考えを誤りとしてしりぞけ、すべての『心的』現象を条件反射とそれに類似する生理学的なメカニズム、つまり、純粋に行動主義的な用語に還元する。こういうこころみが誤りであり、失敗することは、いうまでもない。なぜなら、そうした心あるいは意識の存在は、さまざまな意味でみとめないわけにはいかず、それを否定することは、かならず、あきらかに不合理な結果をうむからである。(3)」

動作心理学

すでにふれたように、ジェイムズは論文「感情とはなにか」(一八八四年)で、感情は人間が自分の身体の運動すなわち動作にたいしておこす反応であると主張した。彼によれば、たとえば恐れはにげる動作への反応であり、にげる動作によって恐さがますます増大する。このことは、意識そのものを動作にたいする反応としてとらえる方向をしめしているが、後にジョン・デューイは、ジェイムズよりさらに一歩すすんで、意識の形成には、身体運動、すなわち動作のほかに、動作の禁止という過程が必要であることを指摘した。

たとえば恐れは、私たちが全力をあげてにげることができる場合には消滅する。にげる動作がさまたげられるときにこそ、恐れの感情が増大するのである。

いずれにしても動作心理学は、動作が意識の形成に不可欠なものであると主張するとともに、客観的に観察できる外部の行動ないし動作が、内部の中枢神経系統と関連するものであることを指摘する。行動は外からみえる部分と、身体内部に生じている部分からなるのであり、外部的な行動のみを心理学の対象とみなすワトソン流の行動主義は不十分であるといわなければならない。

社会的行動主義

ミードはこうした内部的行動をひろい意味での情報伝達、すなわちコミュニケーションとしてとらえる。それは後にみるように、人間の集団内における記号、すなわち身ぶりを媒介にした相互の協力という社会的な現象である。このような社会的な行動によってはじめて個人の意識が形成されるのであって、ミードは外から内へ、すなわち集団内における観察可能な社会的行動から、個人の内面的意識にむかう。彼の立場が、「社会的行動主義(social behaviorism)」といわれる理由はここにある。そしてこの立場からすれば、ワトソン流の行動主義は、個人の外部的行動のみを対象とし、個人の意識を生じさせる社会的行動を無視するとともに、個人の内面的意識を無視するという「二重の誤りをおかしている。[4]」

3　ミードと科学的方法

動物と科学的方法

まえにのべたように、ミードにとって社会的行動主義心理学と科学的方法は、彼のプラグマティズムの重要な二面であった。ミードによれば、後者はすでに動物の行動にみられるものである。「動物が必要とするのは、食物であり、敵からのがれることである。動物は刺激に正しく反応すれば、食物や安全に到達する。動物は、獲得された結果によって、そのような適切な選択がなされたかどうかを検証するしかない。……そうしたかたちで、探究的な方法が生命のなかにもちこまれている。……動物という種の行動を、問題にたいする連続的な遭遇および解決と考えれば、私たちはこのことのなかに、どんな低次元のものであれ、知性をみいだすことができる。そしてそれは、もっとも洗練された科学技術にまで発展したときには、『科学的方法』とよばれるものの一例である。動物は科学者がするのとおなじことをしているのである。[5]」

このようにミードは、本質的には動物における問題解決の過程は、人間における科学的方法とおなじであるという。ただし人間は、動物のように刺激にたいしてただちに反応するのではなく、「遅延反応 (delayed response)(6)」をおこなう。すなわち、のちにのべるように、有意味シンボルである言語によって刺激を記号化し、分類し、選択して、解決のための観念すなわち仮説を形成し、それにしたがって行動する(あるいは行動する用意をする)のである。

ところで仮説は、どういう場合に正しい仮説として検証されるのであろうか。ミードは次のようにいう。「仮説を検証するのは、進行中の行動をつづけることができる、ということである。それは、動物がみいだすのとおなじような検証である。動物は困難な状況にあって逃げ道をみつければ、その方向に走ってにげる。それは、動物にとって、私たちのいう仮説を正当に検証するものである。その仮説は、動物にたいして有意味シンボルとしての観念を提示するものではないが、正当な作業仮説である。(7)」さらにミードはつけくわえる。このように「プラグマティズムの理論は……仮説が『真である』ことの検証を、仮説のはたらきにみいだす。そして『仮説のはたらき』とは、ある問題によって進行をとめられてきた過程を、この仮説の見地にたてば、ふたたび開始し、進行をつづけることができるようになる、ということである。……行動主義の用語でいえば、真理の検証が意味しているのは、抑止された過程をつづける能力である。(8)」

科学的方法とヘーゲル弁証法

ある問題によって進行をとめられた過程が、問題解決によってふたたび続行可能になる、といった状況は、ヘーゲル弁証法における、矛盾とその克服という過程と同一である。周知のように、ヘーゲル弁証法は、ある状態A（定立）にたいして、それと矛盾する別の状態B（反定立）が生じたとき、両者の対立を解消するさらに別の状態（総合）を考えることによって、矛盾を解決するという過程をたどるが、ミードはこれを次のような具体例によって説明する。

腸チフス菌が検出されるまでは、腸チフスは病人と直接接触することでうつる病気とされてきた。ところが、病人との接触がないのに腸チフスと思われる事例があちらこちらに発生した。そこには、従来の腸チフスにかんする理論と、具体的な事例のあいだに矛盾がある。そのような状況のもとで、科学者はこの矛盾の意味を発見することにとりかかる。彼はできるかぎりほかの事例をあつめる。病人との直接的な接触なしに生じたケースをさがし、そうしたケースがでてくるたびに、その箇所を地図の上にしるし、そのひとつひとつにピンをたてる。そのとき、彼はこれらのピンがことごとく、ミルクの販路や、マーケットの買い物客の住居にそってならんでいることを発見する。このことは、この病気はかならずしも病人との直接的な接触によってうつるのではなく、病気の原因となるものが、ミルクやマーケットの食品によってはこばれることから発生するのではないか、ということを考えさせる。そして探究がつづけられ、ついに病気の原因となる微生物が確認されるのである。そうした微生物の概念は、科学者が最初に当面した矛盾を克服する。「病気が微生物によってはこばれると仮定すれば、あるいはさらにそれを証明できれば、接触によって説明されてきたすべてのケース（定立）や、理論と矛盾すると思われてきた、散発的に発生したケース（反定立）もまた解明され説明される。定立と反定立という対立する状況をとりあげて、両者を統一する総合が構成されるのである。(9)」

しかしミードは、ヘーゲルの議論について次のように指摘する。「ヘーゲルの抽象的な議論と私があげた事例のちがいは、ヘーゲルの場合、存在にかんする言明はそれに対立する非存在にかんする言明をともなう、と考えていることにある。すなわちヘーゲルは、普遍はつねにそのなかに対立物をもつ、と考えている。私のあげる具体例にみられる対立は、ふたつの普遍の対立ではない。それは、実際の接触によって病気がうつるという伝染病の理論と、それに正反対の理論との対立ではない。……それはむしろ、伝染病の理論と、実際に経験される出来事すなわち散発的に発生したケースの対立である。すなわち矛盾は、普遍とその例外との間にある。科学において問題が生じるのは、いつもここである。(10)」

以上のように、ヘーゲルが、科学の発展をふくめてあらゆる発展は矛盾の克服によって生じる、としたのは鋭い洞察である。しかしそうした矛盾が普遍（すなわち理論や観念相互）のあいだに生じる、と考えた点でヘーゲルはまちがっている、とミードはいう。「実際のところ発展は、普遍もしくは法則と、ある特殊な出来事すなわち例外との矛盾によって生じるのである。[11]」

仮説の検証とは、抑止された過程を、その仮説によってふたたびつづけることができるようにすることである、とミードが主張していることはまえにみた。これをいいかえれば、仮説の検証とは、その仮説による問題の解決である。そして問題は矛盾のかたちであたえられる以上、矛盾の解決がとりもなおさず仮説の検証にほかならない。

ミードの可謬主義

近代科学を特徴づけるものは探究的な態度である、とミードはいう。近代科学は、従来の法則にたいする例外として発見された特殊な問題から出発する。例外が発見されると、問題解決にいたる仮説を提示することをこころみ、あたらしい法則としてうけいれることのできる理論に到達する。それゆえ近代科学は、問題にはじまり、その解決におわるといってよい。ここで解決とは、例外そのものが説明され、問題が提起する矛盾を克服するあたらしい法則をたてることである。

そしてあたらしい法則は、仮説として試行的に設定される。それは多くの探究者によって検証され同意されるとき、ひろくみとめられた理論となる。しかしまた後に例外がでることはさけがたい。すなわち、ひろくみとめられた理論も、依然として仮説にすぎないのである。ミードによれば、私たちは、かならずまちがいをおかす。それはたんに神ならぬ人間の有限性からくるだけでなく、世界には、つねに予測不可能な、前例のない、「新奇なもの（novelty）」が出現するからでもある。視覚器官をそなえた生物体とともに「色」が出現し、特殊な消化能力をそなえた動物とともに、あるものが「食物」として出現する。こうした「新奇なもの」の出現をミードは「創発（emergence）」とよんでいる。[12] そもそも広大な宇宙の微小な一点にすぎないこの地球に、複雑にして精巧きわまりないＤＮＡをもった生命が発生したのも、おそらくは創発によるものと考えることができるかもしれない。そしてひろくみとめられた普遍的な理論が前例のない出来事によってくずれる理由のひとつに、こうした「創発」がある。いずれにしても科学の法則はすべてたんなる仮説であって、科学法則に最終的なものはないのである。

4　ミードの言語論

ダーウィンと動物の身ぶり

ミードはその主著のひとつ『精神・自我・社会』（一九三四年）において、独自の言語論を展開した。彼によれば、言語は、観念や感情をつたえる内的な意味をもつものとしてだけでなく、「信号（signal）」や「身ぶり（gesture）」による集団内の共同活動というよりひろい範囲でとらえられる(13)。

こうした視点を、ミードはダーウィン（前出五二頁）やW・ヴント（前出一九〇頁）の身ぶりにかんする研究からまなんだ。ミードによれば、ダーウィンの『人間と動物における感情表現』（一八七二年）は、進化論を意識の問題に適用した近代心理学上の重要な文献である。この著書でダーウィンは、進化論を意識的な経験の領域に適用し、動物の身ぶりが感情的な態度の表現であるとした。たとえば犬が歯をむいて身がまえるのは、怒りという感情の表現であり、しっぽをふるのは親愛の情の表現であるとした。しかしミードによれば、動物がみずからの感情を表現するとは仮定できない。犬が歯をむいて身がまえる身ぶりは、怒りという感情の無意識的な「放出」であって、意識的な「表現」ではない。要するに身ぶりは、感情の「解放弁」であるにすぎない。すなわち、感情を表現しようとする意識がまず存在して、それによって身ぶりをするのではなく、身ぶりがまず存在して、それが相手に刺激をあたえ反応をよびおこす「社会的動作（social act）」となり、そこから意識が生じるのである(14)。

ヴントの場合

ところでヴントは、身ぶりを社会的動作としてみとめ、コミュニケーションにおける身ぶりの機能をあきらかにした。ヴントが主張するそうしたコミュニケーションの例として、犬のけんかがとりあげられる。そこでは、それぞれの犬の動作が、相手の犬の反応にたいする刺激となっている。犬Aが相手の犬Bを攻撃しようとする動作が、Bの反応をよびおこし、Bの反応が逆にAの動作を変化させる。ここには身ぶりによる会話があるが、こうした身ぶりは、ミードがいうような「有意味(significant)」なものではない。なぜなら、AもBも「もし相手がこっちからとびかかろうとするなら、こうしよう」などと考えているとは思えないからである。ほぼおなじことが、ボクシングやフェンシングにもいえる。こちらからしかけるフェイントの場合は別として、競技者は無意識的に反応しているからである。

ミードによれば、「動物にも怒りや恐怖の感情はあると思われる。……怒りは攻撃のなかにあらわれ、恐怖は逃走のなかにあらわれる。」すなわち身ぶりは、それを見るものにとって、攻撃や逃走といった態度を意味している。しかしそうした動物の身ぶりは、たとえば攻撃によって相手が逃走することを予期しながら攻撃するという「意識的な決意」をしめすものではない。(15)

ミードと人間の有声身ぶり

しかし、もしだれかが相手の目のまえで手をふりあげたら、それは相手にたいする攻撃を意味するだけでなく、手をふりあげたものが意識し予期する、相手の反応すなわち恐怖を意味している。このように、ミードのいう「意味」には二種類のものがある。ひとつは、相手あるいは観察者からみた意味であり、いまひとつは、身ぶりをするもの自身が意識する相手の反応である。一般に、動物は相手の反応を予期しつつ身ぶりをするわけではない。これにたいして人間は、身ぶりがひきおこす反応をまえもって予期し先どりしながら身ぶりをおこなう。つまり人間は、自分のおこなう身ぶりのふたつの意味を意識しているのである。

このように人間がふたつの意味を意識できるのは、他の人にたいして声をだして刺激し合図する「有声身ぶり（vocal gesture）」をすることができるからである。有声身ぶりを人間がおこなう場合、「他の人のなかにひきおこすのとおなじ一定の反応を、自分のなかにもひきおこす。……ある人が、危険にさらされている人にむかってとっさによびかけるとき、その人自身、動作として実行することはないけれども、身をひるがえしてにげる態度をとっている。彼は危険に面してはいないが、このような特殊な反応をみずからのなかにひめている。私たちはそれを意味（meaning）というのである。(16)」

有意味シンボル、すなわち言語

現実に動作として実行されないけれども、ひとつの態度としてひめられた特殊な反応は、「観念（idea）」ともよばれる。要するに、AがBにむかって「あぶない」とさけぶとき、それはBだけでなく、A自身にたいしてもにげるという潜在的な反応をひきおこす。このように、有声身ぶりは共通の反応すなわち意味をもたらす。そしてこうした共通の反応あるいは意味は、「観念」ともよばれる。ミードは次のようにいう。「身ぶりが、背後にこうした観念を意味しており、その身ぶりが、他の個人におなじ観念をひきおこす場合、私たちは有意味シンボル（significant symbol）をもつことになる。犬のけんかの場合、身ぶりがあって、それに見合う反応がよびおこされるだけであるが、人間の場合、はじめの個人の経験のなかに、ある意味に対応するシンボルがあって、それが第二の個人のなかにおなじ意味をよびおこす。身ぶりがそうした段階にたっするとき、それはいわゆる『言語（language）』である。いまやそれは、有意味シンボルであり、一定の意味をもつのである。」(17)

ヘレン・ケラーと言語

ヘレン・ケラー（Helen Adams Keller, 1880–1968）のような、幼いときに視覚と聴覚をうしなった人の場合は、自分と他人とのあいだに共通の単純かつ素朴な刺激と反応があたえられる「接触経験」が、そうした有意味シンボル（すなわち言語）をもたらすきっかけとなることが、彼女の自伝のなかにしるされている。七歳の彼女は手のひらに字をかくあそびに興味をもったが、それが言葉をつづっているのだということも、そもそも言葉が存在するのだ、ということさえ知らないで、ただ指を教師にまねてうごかしているだけであった。そんなある夏の日、

「私たちは井戸小屋をおおったスイカズラの香りに心をひかれ、小道をつたって、その小屋までおりていった。だれかが水をのんでいた。そこで私の先生［サリヴァン・メーシー（Anne Mansfield Sullivan Macy, 1866–1936）］は、私の手を水のほとばしっている下にださせた。つめたい流れが手の上をはしっているとき、彼女は私のもう一方の手のひらに『W-A-T-E-R』という文字を、はじめはゆっくりと、次には速くつづった。私はじっとして全身の注意を彼女の指のうごきに集中した。突然、私はなにか今までわすれていたものにたいするような、ぼんやりした意識を感じ、思考をとりもどしたという、わくわくするような喜びを感じた。こうして私には、ともかくも言語の神秘が啓示された。そのとき、私はW-A-T-E-Rというのは、私の手の上をながれているすばらしい、つめたいなにものかを意味していることを知った。その生きた言葉は、私の魂をめざめさせ、それに光明と希望と歓喜をあたえ、魂をときは

なったのである。[18]」

言語と模倣

模倣（imitation）すなわちものまねが、言語の起源と密接な関連があることがよく指摘される。雀はカナリアといっしょにしておくと、カナリアのなき声をまね、オウムや九官鳥は人間の言葉をまねる。しかしミードによれば、そうした模倣は本来の言語ではない。「なぜならオウムは、もろもろの観念をつたえてはいないからである。[19]」一般に、「模倣の問題についてはきわめて多くの研究がなされてきた。……しかしこのような研究の結果、高等動物の行為においてさえ、模倣は重要とはされなくなった。従来、猿はもっとも模倣する動物とされてきたが、科学的研究によって、それはある種の作り話であることがわかった。猿はきわめて敏速に学習するが、模倣はしないのである。[20]」

模倣のメカニズム

そこでミードは、「模倣は、ある種の独立した意識的存在にまでたっした人間にかぎった現象のようである[21]」といい、人間の場合は、有声身ぶりによって「他人のなかにひきおこす態度を自分自身のなかにひきおこすかぎり、その反応が抽出され、強化される。これが、いわゆる模倣の唯一の根拠である。それは、人が他人のやっていることをみて、それをそのまままねるという意味での模倣ではない。個人が自分自身のなかに、自分が他人のなかにひきおこすのとおなじ反応をひきおこし、その結果、その反応に別の反応以上の重みをあたえ、じょじょにそのような反応群を有力な全体にまとめあげていく。これが模倣のメカニズムである[22]」という。たとえば、相手が「ミルク」というとき、なにか飲むものの授受にたいするある特殊な反応が自分に生じる。次に自分が「ミルク」というと、相手と自分におなじような（飲むものの授受にたいする）反応が生じることが感じられる。こうした二重の反応から「ミルク」という言葉が重視され、習得されていくのである。

こうしてミードのいう意味での模倣によって、個人の内部に、他人と共通の意味が体系化されていく。模倣が言語の起源と密接に関連するのは、こうした面においてである。

言語と中枢神経系

ただし、以上のプロセスを可能にするのは、私たちの神経内部に一定の中枢群があるからである。「もし犬という観念がなんであるかと考え、それを中枢神経系の内部にさがすことをこころみると、一定の神経回路によって多少とも結合されている、もろもろの反応全体をみいだすであろう。したがってだれかが『犬』という言葉をつかうとき、彼はこのもろもろの反応群をよびおこそうとしているのである。犬は、あそび相手であり、また敵ともなり、自分かあるいは他人の所有物である。そこには、可能なさまざまな反応の全系列がある[23]」とミードはいう。

しかしたとえば犬といっても、大きさもちがえば、形や色もまちまちであり、実にさまざまな犬がいる。こうしたさまざまな「特殊」のなかから、「犬」という「普遍」がいかにして抽出され、それが犬として認識されるのか、という問題が生じる。

普遍と特殊

ミードによれば、中枢神経系は、熱いものに手がふれたときに手をひっこめるとか、背後で大声がしたときにとびあがるといった、ある特定の刺激にたいする不可避的な反応のメカニズムだけでなく、普遍的な対象認識のメカニズムをも準備している。たとえばクギをうつ必要にせまられてカナヅチをさがし、それがないときに、カナヅチのかわりになる石とか、レンガとかをさがす。このように、ある状況のなかでクギをうつという「反応が、レンガや、石や、カナヅチのいずれをつかってもよい反応であるかぎり、反応の形態のなかに普遍的なものがあり、それがレンガや、石や、カナヅチといった特殊なものの全体に対応している。……無数の刺激にたいするこうした反応の関係こそ、まさに、『認識』という言葉で表明される関係である。……反応は普遍的であり、刺激は特殊的である。こうした特殊な要素が刺激として作用し、普遍的な反応をよびおこすかぎり、特殊なものが普遍のもとにつつまれるといえるであろう。以上が特殊という実例にたいする普遍という形式についての行動主義心理学の説明である。[24]」

ところでミードによれば、普遍が認識されるためには、中枢神経系のメカニズムだけでなく、言語の存在が不可欠である。「抽象性および普遍性は、葛藤および行動の抑止にもとづく。壁は迂回するべきものであるか、あるいはまた、とびこえるべきものである。そのどちらも、心的な（mental）もの、すなわち概念である。言語は、こうした心的対象を保持することを可能にする。抽象化は下等動物にも存在するが、下等動物は心的対象を保持できない[25]。」

行動がまったくさまたげられないときが、かりにあるとすれば、そこには意識や思考が生じないから、概念もありえないであろう。概念が生じるのは、私たちの行動のプロセスのなかで、なんらかの葛藤が生じ、行動が抑止されたときである。もちろん動物にも行動が抑止される場合が数かぎりなくあるけれども、言語がないゆえ、普遍化は生じないのである。

第9章　注

（1）船津衛著『ミード自我論の研究』恒星社厚生閣、一九八九年、一頁、参照。

(2) G. H. Mead, Movements of Thought in the Nineteenth Century, The University of Chicago Press, 1936, p. 352.（魚津郁夫・小柳正弘訳『西洋近代思想史——十九世紀の思想のうごき——』下巻、講談社学術文庫、一九九四年、一六七頁）
(3) G. H. Mead, Mind, Self and Society, The University of Chicago Press, p. 10.（稲葉三千男・滝沢正樹・中野収訳『精神・自我・社会』青木書店、一九七三年、一三頁）
(4) 南博「プラグマティズムから社会的行動主義へ」、思想の科学研究会編『アメリカ思想史』第三巻、日本評論社、一九五〇年、一五五頁。
(5) G. H. Mead, Movements of Thought in the Nineteenth Century, p. 346.（魚津・他訳、下巻、一五九頁）
(6) G. H. Mead, Mind, Self and Society, pp. 99, 117.（稲葉・他訳、一〇七頁、一二六頁）
(7) G. H. Mead, Movements of Thought in the Nineteenth Century, p. 349.（魚津・他訳、一六三頁）
(8) Ibid., pp. 349-50.（魚津・他訳、下巻、一六四—五頁）
(9) Ibid., p. 133.（魚津・他訳、上巻、二四九頁）
(10) Ibid., p. 134.（魚津・他訳、上巻、二五〇—一頁）
(11) Ibid., p. 135.（魚津・他訳、上巻、二五一—二頁）
(12) Cf. G. H. Mead, Mind, Self and Society, p. 198 f., p. 329 f.（稲葉・他訳、二一一頁以下、三四二頁以下、参照）

(13) G. H. Mead, Mind, Self and Society, p. 6.（稲葉・他訳、九頁）
(14) Ibid., pp. 17-8.（同訳、二一—二頁）
(15) Ibid., p. 45.（同訳、五一頁）
(16) Ibid., p. 96.（同訳、一〇四頁）
(17) Ibid., pp. 45-6.（同訳、五一頁）
(18) Helen Keller, The Story of My Life, 1902, Doubleday, Doran & Co., 1936, pp. 23-4.（川西進訳『ヘレン・ケラー自伝』ぶどう社、一九八四年、三三—四頁）
(19) G. H. Mead, Mind, Self and Society, p. 52.（稲葉・他訳、五八頁）
(20) Ibid., p. 51.（同訳、五八頁）
(21) Ibid., p. 59.（同訳、六六頁）
(22) Ibid., p. 66.（同訳、七三頁）
(23) Ibid., p. 71.（同訳、七八頁）
(24) Ibid., pp. 84-5.（同訳、九三頁）
(25) Ibid., p. 83, Note.（同訳、九八頁、注）

第10章　ミードと自我論

1　コミュニケーションと「役割とりいれ」

ミードは『精神・自我・社会』において、他人の態度をとりいれる（あるいは意識する）ことによって自我が形成されるという独自の自我論を展開した。

野生動物の生態を知らせるTV番組で、見はり役の動物がにげだすと、他の仲間たちもいっせいににげだすシーンをよくみかける。ここにはあきらかにコミュニケーションがあるけれども、見はり役の「個体は、他の個体とのあいだにコミュニケーションがおこなわれていることを知らない。」[1]

雄弁家の演説をきく群衆にも、これと似た現象がみられる。彼らは自分のまわりにいる聴衆の熱狂した態度によって影響され、自分も熱狂的な態度をとるのであるが、それはほとんど無意識的におこなわれるコミュニケーションである。

しかし演説をする雄弁家にかんしていえば、聴衆の熱狂的態度をよびおこすとともに、そうした聴衆の態度を予期するかたちでコミュニケーションがおこなわれている。「彼自身は、自分が興奮させ影響をあたえている他人の役割を演じている。彼が自分にたちかえり、自分自身のコミュニケーションの過程を支配できるのは、こうした他人の役割をとりいれることをとおしてである。私がしばしばつかってきた、このような役割とりいれ(taking the rôle) は一時的な重要性をもつだけでなく、……共同活動の展開のなかで重要性をもつのである。[2]」

こうして人間は、他人の態度や役割を意識的にとりいれる、あるいは演じることによって、自分自身の態度や役割を意識的、批判的にコントロールすることができる。このようなコミュニケーションは、他の動物やあるいは昆虫の社会でみられる共同活動よりもさらにひろい範囲にわたって、共同活動の過程を展開させる。

さらにミードによれば、「役割とりいれ」をつうじておこなわれる、自己批判(self-criticism)による行動のコントロールは、本質的に社会的なコントロールであって、自己批判はとりもなおさず社会による批判である。

「一般化された他者」

共同社会は、以上のようなコントロールによって組織化される。これは、個人がたんに他のばらばらの個人の態度をとりいれるのではなく、「一般化された他者（the generalized other）」[3]の態度をとりいれることにもとづいている。このことにかんして、ミードのあげる典型的な例は野球である。――無死満塁。打者がサード・ゴロを打つ。このとき捕手は、ゴロをとった三塁手がなげてくるボールをうけるだけでなく、それぞれのランナーのうごきやそれに対応する内野手のうごきや、それをカバーしようとする外野手の態度をすべて意識したうえで、自分の行動をコントロールしている。このとき捕手は、野球のルールにしたがって、チーム全体の態度を意識のなかにとりいれている。すなわち、チーム全体を「一般化された他者」としてとらえ、彼は一般化された他者の態度をとりいれているのである。

このように個人は、一般化された他者の態度をとりいれることによって、自分を社会的にコントロールするのであるが、この一般化された他者は、家庭、友人、学校、職場へと、さらには地域社会、国家、国際社会へとひろがっていく。

「共有意味世界」

しかしもともとコミュニケーションは、共通の意味をもった有意味シンボルによっておこなわれる以上、そこに「共有意味世界（universe of discourse）」が形成される。それは、要するに、人間がコミュニケーションのさいにもちいる「普遍的な有意味シンボルの体系」[4]であり、コミュニケーションするものがたがいに共有する意味の世界である。

先ほど引用したヘレン・ケラーの自伝につづく次の文章は、直接井戸水にふれることによって、はじめて「有意味シンボル」の存在を知った彼女が、「共有意味世界」のなかにはいっていくよろこびを語ったものとして読むことができる。

「井戸をはなれたときの私は、まなびたいという一心であった。すべての物に名前があり、その名前のひとつひとつがあたらしい考えを生んだ。家にはいると、手にふれるものすべてが生命にうちふるえているように思われた。いまはあらゆるものを、あたらしくおとずれたはじめての光のもとに見るようになったからである。[5]」

思考とは

ミードによれば、そもそも私たちが思考できるのは、「一般化された他者」や「共有意味世界」があるからである。「思考という過程あるいは活動は、個人がおこなう彼自身と、一般化された他者とのあいだの会話（conversation）である。そしてこうした会話の一般的な形式と題材は、解決しなければならないなんらかの問題が経験のなかにあらわれることであたえられ、決定される。……かくして、知的な行動の本質的特徴は、遅延反応（delayed responses）――すなわち思考が進行しているあいだの行動の停止――である。遅延反応と、そのために反応が遅延された思考とは、……生理学的には、中枢神経系のメ

カニズムによって、そして社会的には、言語のメカニズムによって可能となる。」(6)

生物体としての人間は、環境のなかで行動がさまたげられたとき、すなわち問題が生じたとき、直接的な反応によって問題を解決するのではなく、反応をおくらせることによってもっとも有利な反応を選択する。思考とはこうした遅延反応であるが、それは個体と一般的な他者とのあいだの会話というかたちをとる。したがって人間の場合、コミュニケーションは、他者にたいする外的なものと、自己のうちでおこなわれる内面化されたものとの二重構造になっているのである。

2　自我の発生

自我発生の基盤――有意味シンボル

自我は、人間の誕生とともにあるのではなく、親をはじめ、他の人間との接触による社会的経験や活動の結果生じ発達するものである、とミードは主張する。

私たちは、すべての経験を自我の経験というかたちで組織化する傾向がつよいため、たとえば苦痛や快楽の経験を自我意識と同一視しがちである。しかしそうした経験のなかに自我意識がふくまれていないことがあり、また習慣的、本能的な行動には自我意識はまったくふくまれていないことが多い。たとえば、自分を追いかけるものからにげるために走るとき、私たちの経験は周囲のもろもろの事物にのみこまれてしまっていて、そこには意識があっても、自我意識はない。人間以外の動物は自我意識をもたない(7)、とミードがいうのも、彼らが本能的、習慣的にしか行動しないからである。

ミードが強調するように、自我は自我自身にとって対象である、という点が自我の特徴である。個人が自分自身を対象とするとき、すなわち、個人が自分をひとつの対象としていわば外からながめるとき、自我意識がうまれるのである。ではどうすれば、個人が自分自身の外にでることができるだろうか。「これは自我もしくは自我意識についての本質的な心理学上の問題である(8)。」

ミードによれば、その回答は、彼がふくまれている社会的行為もしくは活動のプロセスをさぐることによって発見される。彼がはたらきかける他人の立場に身をうつすことができれば、他人が自分をみるように、彼は自分をみることができるであろう。その場合、有意味シンボルすなわち言語によるコミュニケーションが、そのことを可能にする基盤となる。なぜなら有意味シンボルは、他者に生じさせるのとおなじ反応を自分自身に生じさせ、そのことによって、他人の立場に身をうつして他人の目で自分をみる手がかりをあたえてくれるからである。

まえにものべたように、ヘレン・ケラーのような人の場合には、自分と他者とのあいだにおなじような刺激と反応をもたらす接触経験が、有意味シンボルを可能にした。そして「ケラーもみとめているように、彼女がいわゆる心的内容や自我を獲得できたのは、他者にひきおこすのとおなじ反応を、彼女自身にもひきおこすことのできるシンボルによって、他者とコミュニケーションができるようになってからのことであった。」(9)

あそび

自我発生のもうひとつの基盤は、あそびとゲームである。子どもはままごとあそびのなかで母親になったり、父親になったりする。母親が自分にしてくれたように、赤ちゃんである人形に着物をきせ、ミルクをあたえる。そしてまた教師や生徒になったり、警官や泥棒になったりするあそびもある。このように、子どもはさまざまなあそび（いわゆる○○ゴッコ）のなかで、他者の自分にたいする態度や役割をとりいれる「役割とりいれ（rôle-taking）」をおこなう。そしてそれによって、自分を客観的にみることができるようになり、自我が対象化されていく。こうしていわゆる自我意識が生じるのである。

動物の子どもにも、人間の子どもと似たようなあそびがある。二匹の子イヌがたがいに攻撃側になったり、防御側になったりしてあそんでいる。相手をかむときでも、たがいに手加減をしている。しかしそんなときでも、人間の子どもがするような「役割とりいれ」はおこなわれていない、とミードはいう。(10)

あそびの次の段階は、ゲームである。ゲームは規則にしたがっておこなわれるゆえ、ゲームに参加した子どもは、他のすべての子どもたちの自分にたいする態度あるいは役割をとりいれる用意がなければならない。さらにまた、それらのさまざまな役割を明確に関係づけることができなければならない。つまり、まえにもふれたように、「一般化された他者」の態度をとりいれて、自分の行動をコントロールしなければならないのである。

そこでミードはいう。「ゲームのなかで進行することが、子どもの生活のなかではつねに進行している。彼は、自分のまわりの人びとの態度、とくにある意味で彼を支配し、彼のほうでも頼りにしている人びととの役割を不断にとりつづける。最初はいささか抽象的な仕方でこの過程のはたらきを身につける。それは現実には、あそびからゲームへとすすんでいく。……ゲームの掟が、彼がぞくしている家族や彼が住んでいる共同体の掟より、大きな力で彼をとらえることさえある。いろんな社会組織があり、あるものはかなり長くつづき、あるものは一時的である。いずれにせよ、そのなかに子どもがはいっていくとき、彼はそこで一種の社会的ゲームをしているのである。[11]」こうして彼は自我意識を確立していく、とミードはいう。

3 「I」と「me」

自我の構造

これまでのべてきたように、社会的な過程のなかから自我意識がうまれるのであるが、自我意識は「I」と「me」というふたつの要素からなりたっている。すなわち「他者の態度をとりいれることによって、私たちは『me』を導入し、それにたいして『I』として反応する。……『I』とは他者の態度にたいする人間の反応であり、『me』とはその人自身が想定する他者の態度を組織化した体系である。[12]」「一般化された他者」については、野球に例をとってすでにふれたが（二一五頁）、それが「me」を構成する。あるいは「me」そのものである、といってよい。サード・ゴロをとった三塁手が捕手にむかってボールをなげるのも、チーム全体の自分にたいする態度をとりいれるからであり、そこで構成された「me」にたいして「I」として反応しているのである。しかしその反応がどんなものになるかは、あとになってみないと、本人も他のだれも知らない。「彼はすばらしいプレーをするかもしれないし、エラーをするかもしれない。彼の直接的経験にあらわれてくる状況への反応は不確定であるが、こうした反応こそが『I』を構成する。[13]」

ところで、「I」の反応が多少とも不確定であることを、ミードはとりわけ強調する。反応は、それが生じたあとではじめて彼の経験に登場するのであって、自分が「me」にたいする反応として現になしつつあることを正確に知ることは不可能である。なにかをしようとしても、思いどおりにいかないことは、たとえば絵をえがいたり、字を書くときによく経験することである。歩くといった基本的な動作にしても、まず左足を、次に右足をといったように予期どおりに足をはこぼうとすれば、予期そのものによって、私たちは微妙にちがった状況、ある意味ではあたらしい状況におかれることになる。しかしこうした反応の不確定さが、人間の自由や責任といった観念をもたらす、とミードは主張する。

自由と責任

ふたたび野球を例にとると、走者が三塁にいるときサード・ゴロをとった三塁手は、ボールを捕手になげるか、それとも一塁手になげるか、どちらかの反応をするよう一般化された他者（すなわち「me」）によって要求される。そのどちらの動作をするかは「I」のきめることであり、とっさの反応であるにせよ、そこには遅延反応がはたらいている。すなわちそのとき、どちらをすべきかの判断がなされ、選択がおこなわれている。しかし動作となってあらわれる反応は、本人にさえ不確定であって、そこには、こうすべきだという判断をみちびくひろい意味での「道徳的必然性はあっても、機械的な必然性はない。」[14]「me」によって要求される「I」の反応は、最終的には「I」自身の判断にまかされており、その意味で「I」は「自発性（initiative）」と「自由（freedom）」をもつ。すなわち、「I」の反応は「I」の自由な判断によるものである以上、その結果は「I」の「責任（responsibility）」になる。ボールを一塁ではなく本塁になげた三塁手のプレーは、もし間にあえば、好判断として賞賛され、間にあわなければ、まずいプレーとして非難されることになる。このように、「I」の反応にかんする責任は、「I」にあるのである。

人格およびその多重性

さらに、「I」は「me」にたいする反応であるばかりでなく、「me」というまとまりをあたえるのも「I」であるから、「『I』と『me』をあわせると、両者は社会的経験のなかであらわれる人格（personality）を構成する。自我は、本質的にこのように区別できるふたつの側面をもって進行する社会過程である(15)。」

私たちは、家族関係や友人関係のほかに、実社会での関係、住んでいる地域や国家との関係など、さまざまな社会的関係のなかにある。こうした社会的関係のすべてが「me」を構成する。それらが全体として総合され、組織化され、それにたいする反応としての一定の行動パターンが形成されるかぎり、そこには統一された自我があり、人格がある。

しかし「私たちは、さまざまな人びとと、さまざまな関係の糸でむすばれている。私たちは、相手によって別の人間となる。……ある人とは政治を論じ、別の人とは宗教を論じる。あらゆる種類のさまざまな社会的反応におうじて、さまざまな自我がある。……こうして多重的人格（a multiple personality）は、ある意味ではノーマルである。[16]」すなわち、自我には多重人格的な要素がある。したがってなんらかの出来事が情緒的混乱（emotional upheavals）をもたらしたとき、もともと存在する多重的人格が分離されて、それぞれの道を勝手にすすむことになる。人格の分裂が生じるのはこのときである。

4　自我の実現

「I」による「me」の再構築

一般化された他者である「me」は、社会的統制の機能をはたすものであって、フロイト（Sigmund Freud, 1856–1939）のいう意味での「検閲官（censor）」にあたる。[17] それはまた、社会のしきたりや習慣をあらわすものでもある。「I」はこれにたいして、自己を表現し、自分自身であろうとする。そこには前章でもふれた「創発（emergence）」という言葉であらわされる、社会の再構築がある。再構築によって、いままでなかった「新奇な（novel）」要素がもたらされるからである。[18] 世界を、両辺が絶対的にひとしい方程式という観点からながめるとき、新奇なものはなにもない。しかしたとえば「X＋Y＝Z」という方程式がなりたつとき、Zの成立のなかに、事実上、以前になかった別のものが生じていると考えることができる。それは、たとえば酸素ガスと水素ガスが合体するとき、水というまったく別のものが生じるのとおなじである。こうして「I」はたえず「me」に反応することによって、自分が所属する共同体をかえていくのである。

共同体の拡大

ある場合にそれは、社会改革家による因習からの解放であり、またある場合は、芸術家による芸術的な創造であり、さらにまた科学者による画期的な理論の提唱である。「計算どおりにはいかない」「I」の行動には貴重な価値が宿っているが、そうした価値は、独創的な芸術家や科学者に特有のものではなく、「me」とそれに反応する「I」からなるあらゆる人間の自我の経験に、たとえ本人が意識しなくても大なり小なり宿っている。

「me」にたいする「I」の反応が重要な社会的変化をひきおこすとき、私たちはそれを個人的な天才をしめすものであると考える。偉大な芸術家、科学者、政治家、宗教上の指導者を私たちが重視するのは、彼の反応が旧来の因習にしばられない独創的なものであり、それによって社会（共同体）がよりひらかれたものとなるからである。

「史上の偉大な宗教家たちは、共同体の一員であるとともに、共同体そのものの可能な範囲を無限に拡大した。[19]」たとえば『新約聖書』の次の箇所は、イエスが家族というたとえをつかって、共同体を無限にひろげたことをしめしている。

母と兄弟が自分をさがしていることを知らされた「イエスは、『わたしの母、わたしの兄弟とはだれか』とこたえ、まわりにすわっている人びとを見まわしていわれた。『見なさい、ここにわたしの母、わたしの兄弟がいる。神の御心をおこなう人こそ、わたしの兄弟、姉妹、また母なのだ。[20]』」

原始社会では、そのメンバーである自我にとって、独創的、創造的な思考や行動の余地が文明社会にくらべてはるかに少なく、個人的自我の行動は類型化されている。原始社会から文明社会への進化は、個人の行動が画一的なものから、より個性的なものへと解放されていく過程であるといえる。もっとも、高度に機械化された現代文明社会では、むしろ逆に、個人の行動が個性的なものからより画一的なものへと変質させられているという一面も見おとすことはできない。

「I」と「me」の融合——高揚感

おぼれている人をみんなでたすけようとしているとき、ある種の協力感があり、各人が他のすべての人と同一の行動をしているという感じをもつ。すなわちそこには、個人と集団の一体化、すなわち「I」と「me」の一体化がある。そして、さらに事態がスムーズにはこぶとき、ある種の高揚感がともなう。これは、愛国的態度や宗教的態度によくみられるものであって、そこには「I」と「me」の融合があるといってよい。たとえば、自国がある国と戦争状態にあるとき、敵をたおすという個人の関心は、すべての人びととの関心でもある。そこには「愛国」というスローガンのもとに、もろもろの個人の完全な一体化がある。いいかえれば、各個人の内部に「me」と「I」の融合がおこり、一種独特の高揚感が生じる。

宗教の場合も同様である。ある宗教団体（共同体）に所属する人びとは、あるひとつの態度をとるようになり、その態度のなかですべての人びとがたがいに一体となり、「I」と「me」が合体して宗教的興奮が生じるのである。

「自我実現」と役割とりいれ

ここでいう「自我実現」とは現実の行為をとおして「I」の独自性を発揮することである。まえにもふれたように、「me」にたいする「I」の反応は、本人の予測をこえる場合があり、「I」の可能性について本人も自覚しない場合がある。しかし、たとえば科学者による画期的な理論の提唱のように、新奇なものが生じた場合、それはその科学者の「I」の可能性の実現であり、まさに彼の「自我実現」である。「『I』の可能性は、現に進行していることのなかにあり、ある意味では、私たちの経験のなかのもっとも魅力的な部分である。新奇性の生じるそこにこそ、私たちのいちばん重要な価値が宿っている。こうした自我の実現こそ、私たちがたえず追求しつづけているものだ、といってよい。」(21)

ところで自我を実現する方法にはいろいろあるが、そのひとつは他人にたいする優越感(feelings of superiority)による方法である。たとえどんな些細なことでも、それを他のだれよりもうまくやれる、という意識は人に満足をあたえる。このとき、ある意味では彼の自我が実現されるのである。しかしミードが指摘するように、そういう満足感を他人に誇示するのは、子どもじみているゆえ、私たちはなるべくそれをかくそうとするが、実は大いに満足しているのである。そこでミードはいう。「もしも真の優越性があるとすれば、それは、一定のはたらきをやってのけたことにもとづく優越性である。[22]」たとえば、オリンピックのメダリストは、ある種目にかんして他のだれにもまさる結果をのこしたという優越性に誇りをもつことができるであろう。しかしそのような高度の能力でなく、どんな些細な事柄であっても、他の人にはできないはたらきをする能力のなかに優越性がある。そしてそれを発揮することによって、優越感をもつことをとおして、各人の自我が実現され、幸福感が得られるのである。

このような自我実現には、他人の態度を意識するという意味での役割とりいれが重要な機能をはたしていることは注目すべきことである。たとえば、医学の進歩に貢献するような画期的な手術に成功した外科医は、患者の感謝、手術に協力した同僚たちの尊敬、手術の成功を報道によって知る社会全体の賞賛、等々を意識している。これはひろい意味での役割とりいれである。そしてこうした役割とりいれによって彼は自我を実現する。

このように、自我実現を可能にし、充足感をあたえるものは役割とりいれである、とミードはいう。「作家や芸術家は、読者や鑑賞者を必要とする。それは後世の読者や鑑賞者かもしれないが、いずれにしても、それが必要である。だれしも、他人から評価される自分の創造のなかに自我を発見するのである。」[23]

たとえ現実に評価されなくても、きっと後世に評価されるにちがいないという、架空の読者、架空の鑑賞者の態度をとりいれることによって、芸術的創造がなされることが多い。いずれにしても、各個人の自我実現は、社会との関連のなかで生じることは注目すべき事柄である。そして、各人がそれぞれの「遺伝という可能性」のなかで、たとえなんであれ、他の人にまさる能力を発揮して、それによって感謝、賞賛など、評価的な他人の態度をとりいれることのできる社会、いいかえれば、各人がそれぞれの自我を実現できる社会こそが、「人類社会の理想[24]」である、とミードはいう。

理想社会とコミュニケーション

人間は有意味シンボルすなわち言語をもちいながら、一般化された他者の態度をとりいれることによって、行動をコントロールし、また一般化された他者との内面化された会話によって、問題解決の道をさぐり、環境に適応していく。そしてコミュニケーションをおこなう各個人のあいだに共有意味世界が形成され、たがいに相手の態度をとりいれ、相手の立場に身をおくことが可能となるのであるが、このことば、個人が同質的なものとなることを意味するものではない。たとえば、教えている子どもの身になることのできる教師の能力は、彼を教育の世界に参入させるだけでなく、彼自身の教師としての個性あるいは独自性を発揮させるであろう。ミードによれば、「そうしたかたちでの機能の分化や社会的参加が高度に達成されることは、人間社会のまえによこたわるひとつの理想であるといえる。現在それは、デモクラシーという理想のなかにしめされている。デモクラシーは、はっきりと区別される個性をなくし、各人ができるだけ他のだれかに似ているような状況にまで、すべてが平均化される社会秩序である、と考えられがちである。しかしそれは、デモクラシーの真意でないことはいうまでもない。デモクラシーの真意とは、むしろ個人が彼自身がうけついだ遺伝という可能性のなかで、できるかぎり高度に成長することができ、自分が影響をあたえている他人の態度をとりいれ自分のものとすることができることである。[25]」

こうした理想を実現するためには、コミュニケーションのシステムを十分に発達させることが必要である。いいかえれば、ただ抽象的な観念を伝達するというだけではなく、言語という有意味シンボルを使用することによって「共有意味世界」を形成し、相手の態度や立場に自分自身をおくことができるような「共同体（community）」を組織することが必要である。そういう共有意味世界の形成と、共同体の組織化がコミュニケーションの理想である、とミードは主張する。[26]

第10章　注

（1）G. H. Mead, Mind, Self and Society, p. 253.（稲葉・他訳、二六八頁）

（2）Ibid., p. 254.（同訳、二六八頁）

（3）Ibid., p. 154.（同訳、一六六頁）

（4）Ibid., pp. 157-8, 273, Note.（同訳、一六八―九頁、二八七頁、注）

なお 'universe of discourse' は、もともと論理学の用語であって、「論議領域」と訳されるのが普通である。たとえば「海」といっても、それが地球上の海をさすのか、月の海までもふくめるのか、領域を限定しないと、意味や、この概念をふくむ命題（たとえば「海は水でみたされている」）の真偽がちがってくる。そこで概念を適用する領域を定めるのが 'universe of discourse' である。しかしミードは、それをさらにひろい意味にもちいている。「共有意味世界」という訳語は、船津衛著、前掲書による。（同書、八二頁以下、参照）

（5）H. Keller, Op. cit., p. 24.（川西訳、三四頁）

(6) G. H. Mead, Mind, Self and Society, p. 254, Note.（稲葉・他訳、二七四頁、注）
(7) Ibid., p. 135.（同訳、一四六頁）
(8) Ibid., p. 138.（同訳、一四八頁）
(9) Ibid., p. 149.（同訳、一六〇―一頁）
(10) Ibid., p. 150.（同訳、一六一頁）
(11) Ibid., p. 160.（同訳、一七一頁）
(12) Ibid., pp. 174-5.（同訳、一八六―七頁）
(13) Ibid., p. 175.（同訳、一八八頁）
(14) Ibid., p. 178.（同訳、一九〇頁）
(15) Ibid., p. 178.（同訳、一九〇―一頁）
(16) Ibid., p. 142.（同訳、一五二頁）
(17) Ibid., p. 210.（同訳、二二三頁）
(18) Ibid., p. 198.（同訳、二一一頁）
(19) Ibid., p. 216.（同訳、二二九頁）
(20) マルコによる福音書、第三章、第三三―五節。Cf. Ibid., p. 216.（同訳、二二九―三〇頁、参照）
(21) Ibid., p. 204.（同訳、二一七頁）
(22) Ibid., p. 208.（同訳、二二一頁）

(23) Ibid., p. 324.（同訳、三三七頁）
(24) Ibid., p. 327.（同訳、三三九頁）
(25) Ibid., p. 326.（同訳、三三九頁）
(26) Ibid., p. 327.（同訳、三三九―四〇頁）

第11章　デューイの「道具主義」と教育論

1　デューイの生涯

おいたちと主要著作

ジョン・デューイは、一八五九年、ニューイングランドのヴァーモント州バーリントンに、男ばかりの四人兄弟の三男としてうまれた。デューイの祖先は、ベルギーのフランダースからイギリスをへて、一六三〇年代にアメリカ大陸に移住した。父アーチボルドは四代目の農夫であったが、二〇歳代のはじめに農地を手ばなし、バーリントンの町で食料品店を経営した。ジョンが二歳のとき南北戦争がおこり、父はただちにリンカーン大統領の志願兵召集に応じたため、その後約六年間、家族の住居が定まらなかった。それゆえ少しおくれて、一八六七年（八歳）、小学校に入学。四年間で小学課程を終え、一八七一年（一二歳）、バーリントンの高校に入学。四年後に高校を卒業し、一八七五年（一六歳）、ヴァーモント大学入学。政治哲学および社会哲学の分野に関心をもち、四年後に一八名中二番の成績で卒業した。

卒業後、ペンシルヴァニア州オイルシティの高校教師となる。一八八一年（二二歳）、ふたたびヴァーモント州にかえり、シャルロッテのハイスクールで教えたが、この間ヴァーモント大学の哲学教授、H・A・P・トリー（H. A. P. Torrey）の指導をうけ、哲学を生涯の仕事とする決意をかためる。翌年、ジョンズ・ホプキンス大学大学院入学。哲学を専攻する。当時パースが論理学の講義を担当していたが、この講義はあまりにも数学的、

J. デューイ

自然科学的であり、当時のデューイには関心がもてなかった。一八八四年（二五歳）、大学院修了、Ph.D. 取得。学位論文は「カントの心理学」。

同年、ジョージ・S・モリス（George Sylvester Morris, 1840-89）教授の世話でミシガン大学の専任講師となる。一八八六年（二七歳）、ミシガン大学の教え子アリス・チップマン（Harriet Alice Chipman, 1859-1927）と結婚。翌年、最初の著作『心理学』を出版。一八八八年（二九歳）、ミネソタ大学教授。しかし半年後、G・S・モリスが急死したため、そのあとをついで、ミシガン大学教授。一八九四年（三五歳）、創設四年目のシカゴ大学に、哲学科の主任教授としてむかえられる。二年後にシカゴ大学付属実験学校設立責任者となる。一八九七年（三八歳）、『私の教育信条』出版。一八九九年（四〇歳）、『学校と社会』出版。この年から一年間、アメリカ心理学会会長。一九〇三年（四四歳）、『論理学説研究』出版。一九〇四年（四五歳）、コロンビア大学教授。翌年から一年間、アメリカ哲学会会長。一九一〇年（五一歳）、『思考の方法』出版。一九一六年（五七歳）、『実験的論理学論文集』および『民主主義と教育』出版。一九一九年（六〇歳）、日本および中国訪問。日本での講演『哲学の改造』を翌年出版。一九二二年（六三歳）、『人間性と行為』出版。一九二四年（六五歳）、トルコ政府にまねかれてトルコを訪問し、教育制度を調査、『トルコ教育にかんする報告と勧告』をまとめる。一九二五年（六六歳）、『経験と自然』出版。一九二七年（六八歳）、妻アリス・チップマン死去。翌年、ソヴィエト・ロシア訪問、一か月にわたって学校教育を視察。一九二九年（七〇歳）、『確実性の研究』出版。翌年、コロンビア大学を退職、名誉教授となる。

同年、『古い個人主義と新しい個人主義』出版。一九三四年（七五歳）、『経験としての芸術』および『共通の信仰』出版。翌年、『自由主義と社会活動』出版。一九三七年（七八歳）、ソヴィエト政府によるトロツキー裁判の当否を調査する委員会の委員長をひきうけ、翌年、調査報告書『無罪』を出版。一九三八年（七九歳）、『論理学――探究の理論』出版。翌年、『自由と文化』および『評価の理論』出版。一九四六年（八七歳）、知人の師範学校教師の娘で、幼い頃から知っていたロバータ・グラント（Roberta Lowitz Grant, 1904-）と再婚。一九四九年（九〇歳）、A・F・ベントリー（Arthur Fisher Bentley, 1870-1957）との共著『知ることと知られるもの』出版。一九五二年（九二歳）、肺炎にて死去。

2　道具主義の成立

二元論にたいする反対

デューイは、西洋哲学のもっとも明確な特徴のひとつは二元論的傾向であると考え、終生それに反対した。彼によれば、この傾向は古代哲学以来の偏向であり、ギリシア人が市民と奴隷を区別したことから、観想（contemplation）というかたちをとる認識あるいは理論と、生活のために身体をつかう実践（practice）とを区別する傾向がうまれ、それが二元論的傾向としていまだにつづいている、という。[1] こうしたギリシア的なかたよりは、キリスト教の思想によって強められ、さらに近代哲学にもひきつがれた。またデューイによれば、理論と実践の分離は、ふたつの存在論的領域の分離に対応する。すなわち一方は、本質、形相、イデア、あるいは普遍といった永遠に変化しないものの領域であり、他方は、つねに変化する具体的な個物の領域である。さらに前者は、心（精神）や理性の領域とかさなり、後者は、物や身体的な感覚すなわち感性の領域をさすにいたる。

ヘーゲルとダーウィン

こうした二元論を克服する道を、デューイはヘーゲルの弁証法とダーウィンの進化論からまなんだ。デューイは、すでにヴァーモント大学の学生であったころから、二元論にたいする問題意識をもっていたが、ジョンズ・ホプキンス大学の大学院において、非常勤講師として哲学史の講義を担当したミシガン大学のG・S・モリスからヘーゲル哲学をまなび、そこに二元論を打破するひとつのヒントをみいだした。すなわちそれは、たがいに矛盾し対立するふたつのものが、結局はひとつに止揚されるという弁証法的な考え方である。

「主観と客観、物と心、神的なものと人間的なものをヘーゲル流に統一することは、「私にとって」単なる知的な公式ではなく、ひろく門戸をひらくことを意味し、ひとつの解放であった。[2]」

さらに、デューイのうまれた年に出版されたダーウィンの『種の起源』(一八五九年)は、デューイにたいして二元論から脱却するもうひとつのヒントをあたえた。なぜならそれは、生物の種——すなわちギリシア哲学、およびキリスト教神学において、永遠に変化しないと考えられた形相——が環境とともに変化し、進化することをあきらかにしたものであり、また理性あるいは心をもつ人間と、それをもたない他の生物とを明確に区別する二元論を否定するものだからである。

デューイによれば、進化論の哲学的意義は、人間と単純な有機体との連続性を強調する点にある。単純な有機体は、心(mind)が極小であるようなものといえるが、複雑な活動をする有機体になるにつれて、未来を予測し計画する知能(intelligence)の役割が目だってくる。したがって進化論にとって認識とは、有機体がみずからをとりまく世界に参加するひとつの様式にほかならず、その有効性に応じた価値をもつにすぎない[3]。

ダーウィンの進化論は、科学的方法によって人間を生物として、あるいは社会的な存在として、研究できることを示唆するものでもあった。「ダーウィンのおかげで、デューイは、ヘーゲルのかずかずの洞察を、ヘーゲル哲学のあいまいな用語からときはなつことができ、またより科学的な観点になじみやすい言葉で表現できることを知るにいたったのである。(4)」

デューイの最初の著作『心理学』(一八八七年)は、当時の生理学的心理学によってあきらかにされた事実を、ヘーゲル的な観念論によって解釈したものであり、ヘーゲルの影響はまだ色濃くのこっていた。

W・ジェイムズの影響

しかし、デューイがヘーゲル主義からはなれることになる最大のきっかけは、ジェイムズの『心理学原理』(一八九〇年)であった。この著作によれば、心とは、有機体と環境の相互作用の過程における機能としての意識である。こうした生物学的な心の概念は、やがてデューイの「すべての思考にくいこみ、ふるい信念をかえる酵素としてはたらいた(5)」のである。

ジェイムズの影響により、デューイは次第にヘーゲル主義からはなれて「実験主義(Experimentalism)」あるいは「道具主義(Instrumentalism)」への方向をとりはじめる。それは、心や知性(intellect)のはたらきは、環境のなかで困難な状況のなかにおかれた有機体としての個人を、そうした問題状況を解決することによって環境に適応させることであり、心が形成する観念は、問題を解決するための実験的な仮説であり、道具である、とする考え方である。

パースとのかかわり

実験主義、ないし道具主義が確立されるのは、シカゴ大学における同僚たちとの共著『論理学説研究』（一九〇三年）であるが、その三年前の論文「論理思想の諸段階」において、デューイは「思考過程は疑念を確実性（certainty）におきかえるときにのみ有効である[6]」と主張し、「近代科学の手続きにもとづいて思考をそのように説明することから、判断、概念、推論……などの思考のあらゆる区分と用語が、疑念＝探究過程（the doubt-inquiry process）におけるさまざまな機能もしくは分業として、単純かつ完全に解釈されるような理論が必要とされるのではなかろうか[7]」とのべている。こうした理論がまさに道具主義に結実するのであるが、ここにはあきらかに、思考を疑念から信念にいたる探究過程としてとらえるパースの影響がみられる。

ジョンズ・ホプキンス大学の記録によれば、デューイはそこでの大学院学生時代（一八八二年）にパースの講義をきいている。しかしヘーゲル主義の影響をつよくうけていたデューイは、パースの形式論理学の講義にあまり関心をもたなかった。『デューイの道具主義の起源』（一九四三年）の著者モルトン・ホワイト（Morton G. White 1917-）によれば、「デューイがジョンズ・ホプキンス大学の哲学教師のなかで、G・S・モリスにほぼ完全に密着していたことは、不幸なことであったといえるであろう。なぜなら、そのときすでにパースは、デューイが後にすばらしいと考えるようになった立場をほぼつくりあげていたからである。――しかしデューイがパースを発見したのは、二〇年後であった。[8]」

道具主義の確立

『論理学説研究』（一九〇三年）においてデューイは、「思考とその題材との関係」をはじめとする四つの論文を発表した。そこでの基本的な主張は、「考えるということは、環境をコントロールするための道具である。コントロールは行為によってもたらされるが、その行為は、複雑な状況を確定されたもろもろの要素にまえもって分解したり、それにともなってさまざまな可能性を予測したりすることなしには――すなわち考えることなしには――実行にうつされない[9]」ということである。この立場を彼は「道具主義[10]」または「実験主義[11]」とよんでいるが、ここには思考を行為への前段階としてとらえるパースの基本的な立場との共通性がみられる。理論（思考）と実践（行為）という西洋哲学の伝統的な二元論は、道具主義において否定される。こうしてデューイは、ダーウィンの進化論とジェイムズの『心理学原理』（一八九〇年）の影響によって、ヘーゲル哲学からはなれるとともに、後にみるように、パースのプラグマティズムにますます傾倒していく。つまり、彼の道具主義は、パースやジェイムズの「プラグマティズムのデューイ版[12]」とよぶこともできるのである。

事実と観念

さて道具主義においては、思考そのものが環境をコントロールするための道具とされるのであるが、ここでいわれるコントロールとは、なによりもまず探究による疑念の解決にほかならない。たとえば、リンゴは木からおちるのに、月はどうしておちないのか。このような疑念とともに探究がはじまる。その結果、リンゴにも月にも同様に引力がはたらいているが、月は地球のまわりをまわっているので、引力（求心力）と遠心力がつりあっているためにおちないのだ、という結論が得られる。ここでひとまず探究はやみ、思考は一段落する。つまり経験における矛盾した複雑な状況が、確定したもろもろの要素からなる、以前よりははるかに統一された状況に移行したのである。そこで私たちは、後者の経験にもとづいて環境をコントロールする用意ができたわけである。ここではたとえば「引力」とか「遠心力」といった「観念」が、こうした移行をもたらす道具としてもちいられている。しかし道具主義においては、こうした「観念」とたとえばリンゴや月にかんする「事実」という二元論的な区別は、心と物、あるいは精神と物体といった存在論的な区別ではなくて、機能的な区別にすぎない。「すなわち事実と観念は、経験の統一性を維持するという問題を効率よくとりあつかうための分業であり、たがいに協力しあう道具である。[13]」

3　実験主義的教育論

教育の意味

哲学理論と並行して、デューイは教育理論にかんしても活発に提言し、みずから実践に従事した。一八九五年、シカゴ大学は教育学科を独立させ、大学の付属実験学校（laboratory school）を開設したが、デューイはこれらの責任者となった。この頃から展開される彼の教育にかんする主張は、『私の教育信条』（一八九七年）や『学校と社会』（一八九九年）にみられる。彼の教育信条によれば、「教育は経験の継続的な改造であり、教育の過程（process）と目標（goal）はひとつのおなじ事柄である。[14]」

これまでの教育理論では、教育（education）は、その語源であるラテン語の educo（ひきだす）からもわかるように、子どもからなんらかの能力をひきだす行為であると考えられてきた。しかしこうした考えは、つめこみ教育にたいする批判としてしか意味をもたない。能力をひきだすまでもなく、もともと能力を発揮することなしには、生きていくことはできない。「子どもはすでに走りまわり、ものをひっくりかえし、あらゆる種類の活動をはじめている。子どもは、ある隠された活動の芽を大人が次第にひきだしてやるために、注意ぶかく上手にちかづかなければならない純粋に潜在的な存在といったものではない。……教育の問題は、子どものこうしたもろもろの活動をとらえ、それに指導をあたえるという問題である。指導によって、つまり組織的にとりあつかうことによって、子どものもろもろの活動は、散漫であったり、たんに衝動的な発現のままにまかされたりすることをやめて、もろもろの価値ある結果へとむかうのである。」[15]

したがって、親にしても教師にしても、教育するものの仕事は、子どものもろもろの活動をたしかめたうえで、それらを組織化し、それらに適切な機会をあたえてやることにほかならない。

従来の教育の画一性

デューイによれば、これまでの（ということは一九世紀末までの）教育カリキュラムおよび教育方法は画一的である。それらを子どもたちの求めに適応させる機会はほとんどなく、ある一定の時間内に、すべての子どもたちが一様に獲得しなければならない一定量の結果が次のようなかたちで定められている。「まず、この世にちょうどこれだけ望ましい知識が存在し、またちょうどこれだけ必要な技能が存在する。そこで、この知識・技能を、学校の六か年、一二か年、もしくは一六か年にわりふるという数学の問題となる。そして全体をわりふった部分のみを、毎年子どもたちにおしえればよい。そうすれば、卒業のときまでに、子どもたちは全体を修めることになり、……最後にすべてがまったく均等にそろうのである。――ただし、子どもたちが、まえにまなんだことをわすれなければ、であるが[16]。」

一〇〇年以上もまえのこの指摘は、日本における小学校から高等学校までの教育の現状にあてはまるばかりか、大学の入試制度によって、画一性はさらに強化されている。しかしデューイによれば、教育はそれぞれの子どもたちの成長と活動に重心をおくべきであって、学習はそれらとの関連のもとにおこなわれなければならない。もともと観念は、活動に先だって、活動と独立にあるのではなく、活動をコントロールするものとして生じ、その活動にあたらしい表現をあたえるのに役だつものとして存在する。したがって観念あるいは知識だけを、活動あるいは実践ときりはなしておしえることは、ほとんど意味がない、とデューイは主張する。

生活と「問題解決」の学習

こうして彼の実験学校には、料理、織りもの、縫いもの、大工仕事などさまざまな仕事がとりいれられる。これらが学科としてではなく、生活の方法としておしえられるとき、これらの仕事は、情緒的、創造的、社会的能力も同時に発達させる。しかもそれらの仕事は、歴史的脈絡のなかで学習されるとき、科学や地理、人間の文化や歴史の学習へと自然にみちびくのである。[17]

学習においては、「問題解決」ということが重視される。子どもが自分に関心のある具体的な問題状況にかかわるように、教師は配慮しなければならない。子どもの進歩をはかる尺度は、身につけた知識の量よりも、あたらしい問題に当面したとき、それを解決していく能力があるかどうかにある。

またデューイによれば、こうした学習と生活は本来社会的である。学校は、暗記と試験による受動的な学習の場ではなく、子どもたちが関心をもって活動的な社会生活をいとなむことのできる小社会でなければならない。小社会として組織された学校は、道徳的、社会的態度の形成をもたらす。こうして学校と実社会の隔絶という伝統的な二元論は排除される。

以上のような教育理論にもとづくシカゴ大学付属実験学校は、アメリカ内外の教育界の注目をあびるにいたる。「デューイの教育理論は、二〇世紀の最初の三〇年間に合衆国全土に普及し、小学校およびハイ・スクールにかんするかぎり、多かれ少なかれ、彼の考えの影響をうけていない学校はないとまでにみられるにいたった。[18]」

なお、デューイの教育理論は、日本においても、第二次世界大戦後、アメリカ占領軍による「教育改革」にさいして適用されたことは周知の事実である。[19] しかしそれがどこまで有効にはたらいたかについて、あるいはその評価について、詳細に検討する必要があると思われる。

第11章　注

（1）Cf. John Dewey, 'An Empirical Survey of Empiricism' 1935, in R. J. Bernstein, ed., John Dewey on Experience, Nature, and Freedom, The Liberal Arts Press, 1960, p. 71 f.

（2）J. Dewey, 'From Absolutism to Experimentalism', in R. J. Bernstein, ed., Op. cit., p. 10.

（3）J. Dewey, Democracy and Education, Macmillan, 1961, pp. 392-3.（帆足理一郎訳『民主主義と教育』春秋社、一九五九年、三三六―七頁）

（4）R. J. Bernstein, ed., Op. cit., p. xxii.

（5）J. Dewey, 'From Absolutism to Experimentalism', in R. J. Bernstein, ed., Op. cit., p. 16.

（6）J. Dewey, 'Some Stages of Logical Thought', in Essays in Experimental Logic, University of Chicago Press, 1916, p. 184.

(7) Ibid., p. 219.

(8) Morton G. White, The Origin of Dewey's Instrumentalism, Columbia University Press, 1943, p. 7.

(9) J. Dewey, Essays in Experimental Logic, p. 30.

(10) Ibid., pp. 30, 32, 38.

(11) J. Dewey, 'The Development of American Pragmatism', in Philosophy and Civilization, Minton, Balch and Co., 1931, pp. 13, 27, 33. なおデューイは、とくに自分の経験論を英国経験論と区別するために、「実験主義」という言葉をつかったようである。(Cf. M. G. White, Op. cit., p. 25.)

(12) Edward C. Moore, American Pragmatism: Peirce, James, and Dewey, Columbia University Press, 1961, p. 205.

(13) J. Dewey, Studies in Logical Theory, University of Chicago Press, 1903, p. 52. (Essays in Experimental Logic, p. 140.)

(14) J. Dewey, My Pedagogic Creed, 1897, The Early Works of John Dewey, Vol. 5, 1972, p. 91.(児玉三夫訳、春秋社、一九五六年、一五四頁)

(15) J. Dewey, School and Society, Southern Illinois University Press, 1976, pp. 24-5.(宮原誠一訳『学校と社会』岩波文庫、四七頁)

(16) Ibid., pp. 22-3.(宮原訳、四三—四頁)

(17) Cf. Ibid., Chapter 4, p. 73 f.（宮原訳、第四章「初等教育の心理学」参照）
(18) 宮原誠一「進歩的教育——アメリカ教育学の自己批判——」鶴見和子編『デューイ研究』春秋社、一九五二年、八一頁。
(19) 久保義三著『占領と神話教育』青木書店、一九八八年、七八―九頁。久保義三著『対日占領政策と戦後教育改革』三省堂、一九八四年、三一九―二〇頁、参照。

第12章　デューイと真理と宗教

1　「探究の理論」

反省的思考の五段階

『論理学説研究』（一九〇三年）において道具主義の立場を表明し、思考とは問題状況を解決して、環境に適応する活動であり、観念はそのための道具であると主張したデューイは、『思考の方法』（一九一〇年）と『論理学――探究の理論』（一九三八年）において、そうした思考（すなわち反省的思考）をさらに詳細に分析した。

前者（『思考の方法』）では、反省的思考の骨組みをしめす次のような五段階が提示された。すなわち、

（1）疑念がうまれる問題状況

（2）問題の設定

（3）問題を解決するための仮説の提示
（4）推論による仮説の再構成
（5）実験と観察による仮説の検証、である。[1]

以上の五段階は、思考を疑念から信念にむかう努力としてとらえるパースの基本的立場をとりいれたものである。（3）の段階における「問題を解決するための仮説」とは、それにもとづいて行為することのできる観念、すなわち信念にほかならないからである。そしてこうした仮説の提示は、パースのいう「アブダクション」の段階に対応する。また（4）の「仮説の再構成」は、パースの「ディダクション」の段階に、（5）の「仮説の検証」は、パースの「インダクション」の段階に対応するものである。なお（5）の段階における「実験と観察による仮説（観念）の検証」は、パースの「プラグマティック・マクシム」（すなわち、観念の意味を明晰にするには、その観念の対象に操作あるいは実験をくわえることによって、どんな結果が得られるかをかえりみればよい、というマクシム）を背景にしている。デューイは、仮説（観念）が問題を解決するものであるかどうかは、仮説を実際にためす（実験する）ことによって得られる結果を観察すればよいと主張しているからである。

このようにデューイは、道具主義の確立とともに、ますますパースの基本的立場に接近するのであるが、『論理学——探究の理論』では、反省的思考は探究としてとらえられる。彼によれば、さまざまな論理形式は、探究という過程のなかから生じたものであり、論理学とは「探究の理論」、すなわち「探究の探究」(2)にほかならない。

探究の定義

デューイは次のようにいう。「人びとが現実にどのように『思考する』かは、私の解釈では、その時代に人びとがどのような探究をおこなうか、ということを端的にしめしている。現実の思考方法をとりあげて、どのように思考すべきか、という正しい思考方法との差異をはっきりさせれば、それは、よい農法とわるい農法、よい医療とわるい医療のちがいをしめすことになるであろう。過去の探究の経験からして、めざす目的にたっすることができないことがわかっている探究方法をとっている人は、そうすべきではない考えかたをしているのである。(3)」

それでは探究とはなにか。デューイは次のように定義する。「探究とは、不確定な状況を、確定した状況に、すなわち、もとの状況の諸要素をひとつの統一的な全体にかえてしまうほど、状況を構成している区別や関係が確定した状況に、コントロールされ方向づけられた仕方で転化させることである。(4)」

そして探究は次にのべるような経過をたどるとされるが、これは『思考の方法』でのべられた五段階にほぼ対応する。

探究の五段階

(1) 探究の先行条件——不確定な状況

これは、たとえば、人ごみの会場のなかで突然火災報知器がなったときのように、どうしてよいかわからない状況である。いままでスムーズにながれていた事柄が、突然ゆきづまって、どうすればよいかわからない。ここで生じる疑念は、けっして主観的なものではなく、いわば有機体と環境の相互作用における不均衡状態である。

(2) 問題の設定

問題状況が問題状況として設定され、探究がはじまる段階。問題のたてかたで、特定のどのデータを採用し、どのデータを無視するかがきまる。

(3) 問題解決の決定——仮説形成

あたえられた問題状況のなかで、観察によってもろもろの要素をみつけ、解決策としての仮説(観念)を形成する段階。まえの例でいえば、人ごみの会場で火災報知器がなったとき、うまくにげだすことができるかどうか、不確定な点が多い。しかし火事には一定の特徴がある。それは、どこかにおこったのであり、通路や非常口も一定の場所にある。こうして事実にかんするもろもろの条件が観察によって確保され決定されるとき、適切な仮説（観念）が形成される。この観念は、もろもろの条件にかんして、ある操作（実験）がおこなわれたときに生じる結果の予想（予測）である。

（4）推論

問題解決のための仮説として形成された観念が、その有効性をテストするための操作を漠然としかしめさないときには、そうした操作をより明確にしめす観念へと、推論によって変形されなければならない。とくに科学においては、「ひとたび暗示されうけいれられた仮説は、他の概念構造のなかで展開され、結局、実験をうながし方向づけることのできるひとつの形式をとるにいたる。そしてこの実験は、その仮説をみとめるべきか、拒否すべきかをきめるうえにもっとも有効な条件をはっきりさせるのである。[5]」

（5）仮説のテスト

仮説によって方向づけられた実験をおこなうことによって、あたらしい事実が生じる。そうした事実が、仮説が形成される以前の混乱した問題状況を解決して、「秩序ある全体を形成する」とき、あるいは「現実の秩序が統一され完結したものとなる」とき、「その仮説はテストされ、証明される」のである。[6]

保証つきの言明可能性――デューイの可謬主義

こうして証明された仮説（観念）は「保証つきの言明可能性（warranted assertibility)」とよばれる。探究は疑念にはじまり、信念もしくは知識に到達することでおわるにもかかわらず、信念とか知識という言葉をつかわない理由について、デューイは次のように説明する。信念という言葉は、客観的な状態だけでなく、主観的な心理状態をさすものとしてうけとられるおそれがあるので、これをさけなければならない。また知識という言葉も、探究の到達点をさすだけではなく、探究とは関連なしに、それ自体で成立するものと考えられる傾向がある。

これにたいして「保証つきの言明可能性」という言葉は、以上のような誤解をさけることができるばかりか、探究が言明を保証するのだ、という含みをもつ点でもより適切である。(7) ただし現実性ではなくて可能性をしめす言葉をつかうのは、結論としての言明にはつねに誤謬がつきまとい、さらなる探究が必要となる以上、断定をさけなければならないからである。デューイは、あきらかにパースの可謬主義を念頭におきながら、ほぼ次のようにのべている。

C・S・パースは、科学上の命題が次の探究の結果によってうたがわしくなりがちであることを指摘し、理論にはつねに修正の余地をのこすべきであると主張している(5.376注)。したがって、「パースの論理学にかんする論文になじんでいる読者は、私の一般的な立場が、彼の大きな影響をうけていることに気づくであろう(8)」とデューイはいう。

以下にみるように、こうした可謬主義が、デューイの真理観をパースのそれにちかづけることになる。

2 デューイの真理観

真理の定義

『論理学——探究の理論』で、真理の定義についてデューイ自身次のようにのべている。「論理学の観点からする定義のなかで、私が知っているかぎりもっともよいものは、次のようなパースの定義である。すなわち、『探究するすべての人が究極において同意するよう定められている意見こそ、真理という言葉の意味するものであり、こうした意見によって表現されている対象こそ、実在にほかならない。』パースによるもっと完全な（そしてもっと示唆にとむ）表現はこうである。『真理とは抽象的な命題と理念的極限との一致であるが、おわることのない探究が科学的信念をそうした理念的極限へとみちびくのであり、また抽象的な命題が不正確で一方的であることを自認することによって、そのような一致が得られるのである。しかもこうした自認こそ真理の不可欠の要素である。』」(9)

このように、デューイは「おわることのない探究（endless investigation）」の彼方にある「理念的極限（the ideal limit）」として真理を考えている以上、「保証つきの言明可

能性」は、いわば究極的な真理にいたるまでの暫定的真理とみなすことができるであろう。(10)

真理対応説と真理整合説

真理については、ふるくからふたつの代表的な説がある。ひとつは真理対応説(correspondence theory of truth)である。たとえばアリストテレス(前出一一二頁)は、真理を定義して、存在するものを存在しないといい、存在しないものを存在するというのが虚偽であるのにたいして、存在するものを存在するといい、存在しないものを存在しないというのが真理である、とのべている。(11) このように、命題(あるいは観念、言明、など)と、事実(あるいは出来事、事物、事態、など)とが対応(correspond)するとき、その命題を真理とするのが真理対応説である。

もうひとつは、真理整合説(coherence theory of truth)であって、これは、ある命題が一般的にみとめられている他の多くの命題と整合的であるとき(すなわち矛盾しないとき)、その命題を真理とする考えかたである。

ところで、真理にかんする以上ふたつの考えかたには、それぞれ難点がある。まず後者の真理整合説についていえば、整合性という真理の基準だけでは、たがいに整合的なさまざまな命題が得られたとしても、そうしたさまざまな命題は私たちの経験する事実(あるいは出来事など)と関係をもたないことになる。しかし、少なくとも事実にかんする命題は、感覚的経験をのべる命題となんらかの仕方でかかわりをもたなければならない。そして感覚的経験をのべる命題は、いわば、感覚的な事実と対応する命題であるから、少なくとも私たちの経験する事実との関連を考慮するかぎり、真理整合説は真理対応説によっておぎなわれなければならないのである。

しかし真理対応説にも重大な難点がある。というのは、事実はすべて命題によって記述されなければ、事実として知られることがないからである。それゆえ、一方に命題Aがあり、他方に事実aがあって、Aとaが対応しているかどうかを知るためには、一方の命題Aのほかに、他方の事実aを記述する命題Bが必要となる。しかしその命題Bが、そもそも事実aと対応しているかどうかを知るためには、aにかんするまた別の命題Cが必要となり、ここに無限後退が生じる。こうして、真理対応説にも難点がみとめられるのである。

デューイ自身の「真理対応説」

しかしデューイはここで「対応」という言葉をひろく解釈して、この困難をのがれることをこころみる。すなわち、対応とは、鍵がその条件に合致するように「合致する (answer)」、いいかえれば鍵が鍵穴にぴったりおさまってその機能をはたすということであり、問題にたいして適切な解決をもたらすように「答える (answer)」ことであるという。要するに、対応とは問題を解決することだ、というのである。こうしてデューイはいう。

「私が主張するような理論こそ、真理対応説とよばれる資格のある唯一の理論である。[12]」

以上のように、真理についての考えかたにおいてデューイは、一方では、パースの影響のもとに、可謬主義に立脚した究極の真理にかんするパースの定義に賛同するとともに、他方では、ジェイムズの影響のもとに、真理は有用性（すなわち、デューイの場合は問題解決の可能性）を介してはじめて真理としてみとめられることを主張したのである。

3　デューイの宗教観

探究と宗教

探究と、探究がめざす真理を以上のようにとらえる立場からすれば、宗教はどのように考えられるであろうか。一九三四年に出版された著書『共通の信仰』で、デューイは次のようにいう。「あらゆる宗教はそれぞれの教義をもち、それらの教義を真理としてみとめることを重視している。宗教はまた、神聖とされる教典をもち、そこにはその宗教の妥当性をしめす歴史的資料がおさめられ、そこでのべられる真理にちかづくにはある特別な道があるとされる。しかしいまや人間の心は、あたらしい方法と理念になじみつつある。すなわち、真理にいたる確実な方法はただひとつしかないことを人びとは知りはじめた。——それは観察、実験、記録、コントロールされた反省によっておこなわれる、忍耐づよい協力的な探究の道である。[13]」

「宗教」と「宗教的なもの」

したがって、超自然という観念と密接にむすびついてきた宗教は、いまや超自然的なものからひきはなされて、とらえなおされなければならない。そこでデューイは、「宗教(a religion)」と「宗教的なもの (the religious)」を区別する。[14] 前者は特定の信仰と実践をともなった団体、あるいは制度化された組織を意味する。これにたいして後者は、いかなる制度や組織的体系も意味せず、あらゆる目的や理想にむかってとりうる人間の態度をさしている。

たとえばスー・インディアンの宗教にせよ、ユダヤ教にせよ、キリスト教にせよ、私たちがひとつの宗教をもつとき、そのとたん、人間経験のなかにあって宗教的なものといえる理想的要素に、そうした要素とは関係のない信仰や儀式といった重荷がくわわる。しかし他方で、宗教に反発する人は、「その結果、自分自身のなかにあるものを見おとしている。それが結実すれば純粋に宗教的となるような「理想にむかう」態度が、自分のなかにひそんでいることに、気づいてさえいないのである。[15]」こうしてデューイは、制度としての宗教から、理想にむかう態度としての「宗教的なもの」を解放することが必要だ、と主張するのである。

なんらかの理想を追いもとめる宗教的な態度は、なによりも想像力（imagination）を必要とする。そこでデューイは、想像力という点で、詩と経験における宗教的な特質とをむすびつけるG・サンタヤナ（George Santayana, 1863-1952）の主張に賛同して、次のようにいう。サンタヤナによれば、「宗教と詩は、本質において同一である。……詩は、それが人生の内面にはいりこむとき宗教といわれ、宗教は、それが人生の表面にとどまるとき、詩以外のなにものでもないとみられる。[16]」

デューイが引用するサンタヤナの主張はやや難解であるが、ひとつの具体例にそくして考えてみれば、ある程度理解できるであろう。そこでたとえば、大正末期に日常生活をうたった詩人、八木重吉（一八九八―一九二七）の「素朴な琴」と題する詩を考えてみる。

「この明るさのなかへ
ひとつの素朴な琴をおけば
秋の美しさに耐えかねて
琴はしずかに鳴りいだすだろう[17]」

これは、日常だれもが経験する澄みわたった秋を眼前に思いうかばせる詩である。しかし想像力がさらに人生の内面におよぶとき、そこに宗教的なものが感じられる。というのは、そこにはおなじく八木重吉の「不思議」と題する次のような詩によって表明される宗教的な願望、すなわち自分の信仰のふかまりと奇跡への期待、とひびきあうものがあるからである。

「こころが美しくなると
そこいらが
明るく　かるげになってくる
どんな不思議がうまれても
おどろかないとおもえてくる
はやく
不思議がうまれればいいなあとおもえてくる(18)」

敬けんな宗教心のもち主であった八木重吉は、三〇歳にもみたない若さで肺結核でなくなったが、この詩では信仰のふかまりとともに、奇跡を当然のこととしてうけとめ、むしろ奇跡をまちのぞむ気持ちがうたわれている。「素朴な琴」においては、こうした宗教的心情が、琴という対象にうつしかえてうたわれているのである。

想像力と全体的自我

さてデューイは、まえにのべたサンタヤナの文章に言及したあと、つづけて次のようにいう。「私たちの観察や反省という限定された世界は、想像力による拡大によってはじめて宇宙（the Universe）となる。それは認識によってとらえることはできず、反省によって理解することもできない。他方また、観察も、思考も、実際的活動も、ひとつの全体と称される自我の完全な統一にたっすることはできない。全体的自我（the whole self）は、ひとつの理念であり、想像力によって投影されたものである。こうして宇宙と自我との徹底的な、ふかく根をはった調和という観念は、……想像力をつうじてはじめて可能となる。」(19)

以上のようにデューイは、観察や思考にもとづく探究とは別に、想像力（imagination）による「全体的な自我」の統一、さらには想像力による「宇宙と自我との調和」を重視していることがわかる。こうした想像力のはたらきは、「特別な意志行為とか決意という意味での自発的なものではなく」、想像力による宇宙と自我との調和は「意志の明白な所産というより、むしろ意志を支配するものである。宗教家がそれを意識的な思索や目的を超越した源からながれでるものと考えたのは正しい[20]」とデューイはのべ、ここに「宗教的なもの」の特質をしめしている。

詩と宗教と日常性

宗教と詩が想像力とのかかわりにおいて本質的に同一であることを、デューイは比較的はやい時点からみとめていた。彼は一九一九年、日本来訪のさいの講演『哲学の改造』(一九二〇年公刊)の最後を、次のようにむすんでいる。

詩と芸術と宗教が貴重なのは、それらが無数の日常的なエピソードやそれとの接触のなかから想像力によって花ひらいたものだからである。今日私たちの知性が説く理想が現実にたいして無力なのは、知性が日常的な願望からきりはなされているからにほかならない。そこで、「哲学が現実のうごきと協力し、日常のこまごましたことの意味をあきらかにし、また整理するならば、[知性のあつかう]学問と[詩や宗教がかかわる]情緒はふかく交流し、実践と想像力(imagination)はかたくだきあうであろう。そのとき、詩と宗教感情は、おのずから咲きいでた人生の花となるであろう。現実のうごきの意味を明確にし、明瞭にする仕事をすすめるのが、転換期における哲学の任務であり、課題である。[21]」

第12章　注

（1）J. Dewey, How We Think, D. C. Heath and Company, 1933, pp. 407-15.（植田清次訳『思考の方法』春秋社、一九五五年、一〇九―一七頁）

（2）J. Dewey, Logic : The Theory of Inquiry, Henry Holt and Company, 1938, p. 20.（魚津郁夫訳「論理学――探究の理論」、上山春平編『パース・ジェイムズ・デューイ』世界の名著、第四八巻、中央公論社、一九六八年、四一〇頁）

（3）Ibid., pp. 103-4.（魚津訳、四九〇頁）

（4）Ibid., pp. 104-5.（魚津訳、四九一―二頁）

（5）Ibid., p. 113.（魚津訳、四九九頁）

（6）Ibid., pp. 113-4.（魚津訳、五〇〇―一頁）

（7）Ibid., pp. 7-9.（魚津訳、三九七―九頁）

（8）Ibid., p. 9.（魚津訳、三九九頁）

（9）Ibid., p. 345, Note.（魚津郁夫編・訳『デューイ――世界の思想家20』平凡社、一九七八年、一一四頁）パースの定義については第3章八八頁参照。

（10）Cf. J. Dewey, 'Proposition, Warranted Assertibility, and Truth', 1941, in Problems of Men, Philosophical Library, 1946, pp. 331-2.（魚津編・訳『デューイ――世界の思想家20』一一四―五頁、参照）

（11）Aristoteles, Metaphysica, 1011 b.（アリストテレス全集、ベッカー版、一〇一一頁、b

欄、の略。出隆訳『形而上学』上巻、岩波文庫、一九五九年、一四八頁）

（12）J. Dewey, 'Proposition, Warranted Assertibility, and Truth', Op. cit., p. 344.（魚津訳、一一三頁）

（13）J. Dewey, A Common Faith, 1934, Yale Paperbound, 1960, p. 32.（中橋一夫・中村雄二郎訳『デュウイ・宗教論』世界大思想全集、第一九巻、河出書房新社、一九六〇年、二一九―三〇頁）

（14）Ibid., p. 9.（中橋・他訳、二〇八頁）

（15）Ibid.（中橋・他訳、二〇八頁）

（16）Ibid., p. 17.（中橋・他訳、二一二頁）

（17）八木重吉『貧しき信徒』（一九二八年）より。（定本『八木重吉詩集』弥生書房、一九五八年、一一一頁）

（18）八木重吉『貧しき信徒』より。（前掲書、九五頁）

（19）J. Dewey, A Common Faith, pp. 18-9.（中橋・他訳、二一三頁）

（20）Ibid.

（21）J. Dewey, Reconstruction in Philosophy, 1920, Mentor Book, 1960, p. 164.（清水幾太郎・清水禮子訳、岩波文庫、一九六八年、一八三―四頁）

第13章　デューイと善と美

1　デューイの道徳観——善について

習慣と衝動

『人間性と行為』（一九二二年）でデューイは、各人の道徳的な性格は、けっしてその人だけのものではなく、社会的要素をふくむものであるという。「正直、貞節、悪意、わがまま、勇気、平凡、勤勉、無責任、これらはすべてひとりの人間が個人的に所有するものではない。……徳とか悪徳といったものは、すべて人間を支配する客観的な力を組みこんだ習慣（habits）にほかならない。徳も悪徳も、個人をつくりあげたものからくる要素と、外界からくる要素の相互作用にほかならない。それらは、生理学的な機能と同様、客観的に研究できるものであって、個人的要素か社会的要素のいずれかを変更することで変えることができるのである。(1)」

デューイによれば、習慣が私たちにたいして支配力をもつのは、習慣は私たち自身の一部だからである。デューイは、さらにはっきりと「私たちは習慣である[2]」とか、あるいは「習慣が自我を構成する[3]」と主張する。

しかし習慣は獲得されたものであるゆえ、時間的には、私たちがうまれながらにしてもっている衝動（impulse）、すなわち本能（instinct）あるいは欲求（need）が先行する。私たちは習慣にしたがって行為するが、習慣が自然的な本能や欲求にもとづく行為を極度にさまたげるとき、そうした習慣を改変する行動が生じる。それはある場合には非合理的な行動である。そこで、知性による思考活動がそうした直接的な行動を調停する役割をはたす。こうして直接的な行動は回避され、習慣の改変がおこなわれるのである。「衝動は、活動を再構成するうえでのかなめである。それは古い習慣に新しい方向をあたえ、その性質を変化させるための、逸脱の原動力となる。[4]」したがって、デューイにとって倫理学の問題は、基本的には、習慣と衝動の対立を、知性（intelligence）による思考活動がいかに調整するか、という問題にほかならない。

善とは過程である

ところで、たがいに対立する習慣と衝動の知性による調整は、なにをめざしておこなわれるのであろうか。『哲学の改造』でデューイは、次のようにいう。彼の立場からすれば、伝統的な道徳観とはちがって、「静止した成果や結果は重要ではなく、成長や改良や進歩といった過程（process）が重要なものとなる。一度かぎりの固定した目的としての健康ではなく、必要な健康の改善――すなわち継続的な過程――こそが、目的であり、善である。目的は、もはや到達すべき終点や限界ではない。それは、現実の状況を変えていく積極的な過程である。究極のゴールとしての完成ではなく、完成させ、成熟させ、みがきあげる永続的な過程こそが生きた目的である。健康や富や学識と同様、正直も勤勉も自制心も正義も、到達すべき固定的な目的をあらわすものではなく、所有することのできる善でもない。それらは、経験の質を変えていくための方向をあらわしたものにほかならない。それにむけての成長（growth）そのものが、唯一の道徳的『目的』である。(5)」

功利主義と善

デューイは、「道徳的な善（moral good）」を超自然的なものでなく、さまざまな欲望を満足させるという「生活上の自然的な善（the natural goods of life）」とみなした点で、功利主義を高く評価する。「功利主義は、超自然的な、彼岸的な道徳に反対した。とりわけ、それは社会福祉の観念を、道徳の最高の基準として、人間の想像力のうちに植えつけたのである(6)」とデューイはいい、また別の箇所で次のようにいっている。「功利主義にはいくつかの欠点があるにもかかわらず、道徳的な善は、あらゆる善と同様に、人間性のもつさまざまな能力を満足させることに、すなわち福祉や幸福にあるという事実を、わすれることのできないほど力強く主張した点できわだっている。[7]」

こうしてデューイは、功利主義とおなじように、日常生活のうえで私たちにとって善いものを、道徳的な善とするのであるが、しかしそれらを固定的な目的とは考えず、それへとむかって経験の質を変えていく「成長、改良、進歩の過程[8]」こそが善である、と考えるのである。

善は特殊なものである

さらにデューイは、いわゆる道徳的な善は、普遍的なものではなく、各人によってことなる特殊なものであることを主張して、次のようにいう。「私たちは、健康、富、学識、正義、親切などを一般的なかたちで追求したり、獲得したりすることはできない。行動はつねに特殊で、具体的で、個別的で、ユニークである。……ある人が健康や正義をもとめているということは、彼が健康に生きること、あるいは正しく生きることをもとめているということにほかならない。……しかし、いかに健康に生きるか、あるいはいかに正しく生きるかは、人によってちがう問題である。……健康に生きることをめざしているのは、人間一般ではなく、ある特定の欠陥に苦しむ特定の人間なのであるから、この人間にとっての健康の意味が、だれか他の人間にとっての意味とまったくおなじということはありえないのである。[9]」

こうしてデューイによれば、道徳は、一般的なかたちで善・悪の行為をしめす「行為のカタログでもなければ、薬局の処方箋や料理ブックの調理法のように、採用されるべき一連のルールでもない。[10]」それは、個人個人の状況におうじて、問題の所在をあきらかにし、それを解決するための作業仮説を考案する手がかりとなるものである。いいかえると、道徳は習慣と衝動の対立という問題状況を解決するような、知性による調節をたすけるものにほかならない。ただし知性は、元来あるいはうまれつき私たちにそなわったものではない。「知性は私たちがそれをもちい、結果にたいする責任をうけいれてゆく度合におうじて私たちのものになってゆくのである。[11]」

2　事実判断と価値判断

事実と価値

哲学の議論では、「事実判断（factual judgment）」と「価値判断（value judgment）」は区別されるのが普通である。前者は、ある事柄が事実である、とする判断であり、後者は、ある事柄が事実でなければならない、あるいは、ある事柄には肯定的にせよ、あるいは否定的にせよ、なんらかの価値がある、とする判断である。たとえば、「彼らはけんかをしている」というのが事実判断であるのにたいして、「彼らはけんかをするべきではない」、あるいは「けんかをするのはみっともない」というのが価値判断である。

従来、事実判断は主として科学のとりあつかう判断であり、価値判断は主として倫理学や美学のとりあつかう判断であるとされてきたが、これら二種類の判断がどのような関係をもつかという問題は、これまで哲学の基本的なテーマのひとつであった。

ギリシア哲学と近代科学

ギリシア哲学においても両者は区別されたが、事実にかんする問題は、価値判断にしたがうと考えられた。たとえばアリストテレスは、天体がどのような軌道にしたがって運行するかを問題にしたとき、彼は天体はいかなる軌道にしたがって運行するのがベストであるか、を問題にした。彼は、円運動があらゆる運動のなかでもっとも完全であり、永遠であるとした。そこから彼は、天体は完全で永遠な円軌道をえがいて運行する、と結論したのである。[12] 古代ギリシアの考えでは、一般に、宇宙は最高の道徳的、美的規準にしたがって構成されているとされ、ある事柄がどうあるべきかを知れば、まさにそのことによって、観察によることなしに、その事柄を知ることができると考えられた。こうして、「真理とは美である、という暗黙の前提のもとに、知識の学としての哲学がたてられたのである。[13]」

しかし近代科学は、たとえば、ガリレオの落体の法則や、ニュートンの万有引力の法則の提起にみられるように、事実の観察にもとづいて理論を構成するようになった。いいかえれば、事実判断は価値判断から明確に区別されるようになったのである。

デューイの場合

もちろんデューイは、ギリシア哲学にみられるような、事実判断が価値判断からみちびきだされるというような考えかたはしない。しかし他方、近代科学が主張するような事実判断と価値判断の区別は、けっして究極のものではない、とする。彼によれば、そうした区別は、探究をすすめるうえでの方法論上の便宜でしかない。探究にさいしては、価値判断と事実判断をひとまず区別するほうが便利なのである。しかしデューイは、結局、価値判断は事実判断からみちびきだされると考える。これは、事実判断を価値判断からみちびきだそうとする古代ギリシアの考えかたとは逆方向の考えかたである。

デューイによれば、「望まれたもの（the desired）」と「望ましいもの（the desirable）」とは区別できる。「だれかがある事柄（A）を望んだ」というとき、これは事実にかんする報告であって、事実判断である。しかし「その事柄（A）は、彼にとって望ましいものであった」というとき、これは価値判断である。同様に、「だれかがある事柄（B）を楽しんだ（enjoyed）」というとき、これは事実判断である。しかし「その事柄（B）は彼にとって楽しい、あるいは楽しみに値する（enjoyable）ものであった」というとき、これは価値判断である。

ところで、だれかが「Aを望んだ」、あるいは「Bを楽しんだ」という事実判断から、だれかにとって「Aは望ましいものである」、あるいは「Bは楽しみに値するものである」という価値判断を構成するためには、さらに事実にかんする情報を必要とする。すなわち、だれかが望んだ事柄（A）、楽しんだ事柄（B）が、いかに生起し、いかにコントロールをくわえられ、いかなる結果をもたらしたかという事実にかんする情報である。こうした事実判断が確立されてはじめて、Aは望ましい（望むべき）ものとなり、Bは楽しい（楽しむに値する）ものとなるのである。

たとえばだれかが映画館でタバコをすうことを「望んだ（desired）」としよう。それは、空気をよごすことによって、自分のみならずまわりの人の健康をそこない、また映写効果をさまたげ、場合によっては火災すらおこしかねない、といった結果をもたらす事柄である。こうした事実にかんする情報を考慮するとき、「望まれた」事柄はとうてい「望ましい（desirable）」事柄とはいえないであろう。

こうしてデューイはいう。「『望ましい』もの、すなわち望まれるべき（価値ある）ものは、ア・プリオリに天空からふってくるものではなく、また道徳のシナイ山から命令としておりてくるものでもない。それは、欲求にかりたてられ、欲求を吟味しないまま軽率に行動すると、挫折したり破滅にひんしたりすることを、過去の経験がおしえてくれるゆえに、出現するのである。したがって『望まれた』ものと区別される『望ましい』ものは、普遍的な、ア・プリオリなものをさしてはいない。それは、検討しないまま衝動にゆだねたときの結果と、もろもろの条件や結果を探究したうえで、欲求や関心をはたらかせたときの結果との相違をしめしている。(14)」

以上のようにデューイは、「Aは望ましい」とか、あるいは「Bは楽しい（楽しむに値する）」という価値判断は、さまざまな事実にかんする情報、すなわち事実判断からみちびきだされるものであることを主張する。こうして彼は、事実と価値を一応区別したうえで、さらに両者の橋わたしをこころみる。そして右に例示したような、さまざまな事実にかんする情報は、科学的探究によって獲得されるものであるから、広汎な領域にわたる科学の分野と、倫理学および美学の分野は、相互に関連づけられることになる。

3　デューイの芸術論

美とはなにか

『経験としての芸術』（一九三四年）のなかで、デューイはおよそ次のようにのべている。哲学者の論じる経験は、大体において経験一般である。しかし日常用語でいう経験は、それぞれ始めと終わりのある個別的な経験をさしている。というのは、人生は一様な流れではなく、もろもろのエピソードからなる事柄であって、そのエピソードのひとつひとつは、それぞれ発端と終局をもち、それぞれが全体に「ゆきわたった性質（pervasive quality)」をもっている。こうして、個別的な経験にはおのおのひとつのまとまりがあり、それが、たとえば、あのレストランでの食事、あのときの嵐、あのときの友情の破綻、といった名前をそれぞれの経験にあたえる。こうしたまとまりが、人を満足させる情緒的な性質をもつとき、その経験は美的な経験である。(15)

そもそもどんな経験も、知性によってコントロールされ、組織された内的統一があるとき、そこには人を満足させる性質があり、それ自体完結した知的な経験はすべて「美」の刻印をおびている。たとえば、数学の問題を解いたとき、またある仕事を成就したときなど、それらがむずかしいものであるほど、美的要素が多くふくまれている。こうしてデューイは、「美」の観念を日常経験の観点から説明する。

美的でない経験

丘からころげおちる石がひとつの「経験」をもつと想像しよう。この石は、出発から静止にいたるまで自然法則にしたがってうごいているのであって、その「経験」にはおそらく美的な要素はないであろう。しかしさらに想像をくわえて、石にはある目的があって、最後の結末を予期し、また目的との関連で、自分の動きをはやめたりおくらせたりする諸条件に関心をもち、その諸条件にはたらきかけることもするとする。このとき、最後の静止は、それまでに生じたあらゆる事柄と関連をもち、そこには一種のまとまりと達成感があるであろう。このように想像するとき、石は美的な「経験」をもつと考えることができる。

私たちの経験の多くは、最初にのべた石の経験に近い。そこには経験はあっても、それはまとまりのない散漫なものであって、美的な経験ではない。いいかえると、美的でない経験は、一方では、まとまりのない連続であり、他方では、機械的な拘束である。つまりデューイにとって美の敵は、一方では退屈、浪費、無秩序であり、他方では強制された服従、禁制、抑圧である。(16)

美の創造と鑑賞——経験における能動と受動

このように、美は、経験を超越した理念の所産として、外から経験に侵入してきたものではなく、「すべての正常で完結した経験のもつ特徴を、さらに純化し強化して、発展させたものである。(17)」

しかしデューイによれば、英語には「芸術的 (artistic)」と「美的 (esthetic)」というふたつの言葉が意味することを、一語でしめす言葉がない。「芸術的」という言葉は、主として制作ないし創造という行為をしめし、「美的」という言葉は、主として知覚ないし鑑賞という行為をしめすのであるが、ふたつのはたらきをあわせてしめす言葉がないのは不幸なことである。なぜなら、本来一体であるはずの美の創造と鑑賞を、それぞれ別のはたらきとしてばらばらにとらえる誤解が生じるからである、とデューイはいう。

しかし、たとえば私たちが石をもちあげる経験をするとき、石にたいする能動的なはたらきかけを経験すると同時に、石の重さを感じるという受動的な経験をもつ。経験は、このように能動と受動のふたつの面からなりたっている。そしてこれらの二面が、それぞれ美の創造と鑑賞にかかわりをもつのである。

「芸術の制作過程は、美の鑑賞と有機的に連関している。それは、天地創造のさいに神がみずからの作品を見わたして、よし、とされたのとおなじである。芸術家は、自分の作品を見て満足するまで、つくったり、つくりなおしたりすることをやめない。結果が、よしと経験されてはじめて、制作は完了する。そしてこの経験は、たんに知的な外部からの判断によってあたえられるのではなく、直接的な知覚としてあらわれる。芸術家は、他の人にくらべて特別に表現能力にめぐまれているだけでなく、事物の性質にかんするたぐいまれな感受性にめぐまれているのである。(18)」

こうして芸術家は、鑑賞者の態度をとってはじめて創造できるのであるが、また逆に鑑賞者は、芸術家のおかれた立場に似た立場から、自分の経験を創造しなければならない。「鑑賞者の場合も、芸術家と同様に、全体を構成する諸要素の組織化がなければならない。この組織化は、細目においてちがっていても、形式においては、原作者が意識的に経験した組織化の過程とおなじものである。それをふたたび創造するという行為なしには、対象は芸術作品として知覚されない。芸術家は、自分の関心におうじて、選択し、簡潔にし、明晰にし、省略し、集約する。鑑賞者も、自分の観点におうじて、このような操作を遂行しなければならないのである。[19]」

以上のように、経験のなかで、能動と受動の相互作用があってはじめて、芸術の創造と鑑賞が成立する、とデューイはいう。

第13章　注

（1）J. Dewey, Human Nature and Conduct, 1922, Henry Holt and Co., 1948, p. 16.（東宮隆訳『人間性と行為』春秋社、一九五三年、一六―七頁）

（2）Ibid., p. 24.（東宮訳、二三頁）

（3）Ibid., p. 25.（東宮訳、二四頁）

（4）Ibid., p. 93.（東宮訳、八〇頁）

（5）J. Dewey, Reconstruction in Philosophy, 1920, Mentor Book, 1960, p. 141.（清水・他訳、一五四頁）

（6）Ibid., p. 143.（清水・他訳、一五七頁）

（7）J. Dewey, Human Nature and Conduct, p. 211.（東宮訳、一七六頁）

（8）J. Dewey, Reconstruction in Philosophy, p. 141.（清水・他訳、一五四頁）

（9）J. Dewey, Reconstruction in Philosophy, p. 135.（清水・他訳、一四五―六頁）

（10）Ibid., p. 136.（清水・他訳、一四八頁）

（11）J. Dewey, Human Nature and Conduct, p. 314.（東宮訳、二六一頁）

（12）Cf. Aristoteles, Physica, 265 a.（出隆・岩崎允胤訳『自然学』岩波書店、一九七六年、三五六―七頁、参照）

（13）Edward C. Moore, American Pragmatism: Peirce, James, and Dewey, Columbia University Press, 1961, p. 236.

（14）J. Dewey, Theory of Valuation, University of Chicago Press, 1939, p. 32.（磯野友彦訳『評価の理論』関書院、一九五七年、六〇頁）

（15）Cf. J. Dewey, Art as Experience, Minton, Balch & Co., 1934, p. 36.（魚津編・訳『デューイ――世界の思想家20』平凡社、一九七八年、一五五―七頁、参照）

（16）Cf. Ibid., p. 40.（魚津訳、一五八―九頁、参照）

(17) Ibid., p. 46.（魚津訳、一六〇頁）
(18) Ibid., p. 49.（魚津訳、一六四頁）
(19) Ibid., p. 54.（魚津訳、一六七頁）

第14章　モリスの思想とクワインの思想

1　モリスの記号論と宗教思想

チャールズ・ウィリアム・モリスは、第4章で若干ふれたように、一方では、パースやミードの影響のもとに記号論を定式化しただけでなく、他方では、ジェイムズやデューイの刺激をうけながら、西洋と東洋の宗教思想の統合をめざす独自の宗教観を提示した。

モリスの略歴と著作

モリスは、一九〇一年、コロラド州デンバーにうまれ、ノースウエスタン大学卒業。シカゴ大学で博士号を取得。シカゴ大学、フロリダ大学教授を歴任し、一九七九年没。

主な著作は次のとおりである。

『心にかんする六つの理論』（一九三二年）

『記号論の基礎づけ』（一九三八年）

『人生の道——世界宗教序説』（一九四二年）
『記号・言語・行動』（一九四六年）
『ひらかれた自我』（一九四八年）
『人間的価値の諸相』（一九五六年）
『一般記号論論文集』（一九七一年）

「統一科学」の運動

O・ノイラート（Otto Neurath, 1882-1945）やR・カルナップ（Rudolf Carnap, 1891-1970）によって代表されるいわゆる論理実証主義者たちは、一九二〇年代より、すべての科学の命題は、感覚的経験を直接つたえる「プロトコール文（protocol sentence）」に還元できるものでなければならない、と主張した。プロトコール文は、時間、空間的な枠組のなかで記述することのできる物理的対象にかんする命題であるから、すべての科学は、そのような物理的な命題から論理的に構成できることになる。こうした「物理主義（physicalism）」の立場から、彼らは自然科学だけでなく、社会科学もふくめたすべての科学の統一をめざす運動をはじめ、その一環として「国際統一科学百科全書（International Encyclopedia of Unified Science）」の刊行をはじめた。

モリスの『記号論の基礎づけ』（一九三八年）も、その一部として書かれたものであるが、モリス自身は、おなじく百科全書の一部として『評価の理論』（一九三九年）を書いたデューイと同様、かならずしも論理実証主義者たちのいう「物理主義」の立場にたつものではない。

モリスの記号論

モリスは、ここでは論理実証主義とプラグマティズムという、従来別個に展開してきた実証主義的な理論の学問的協力の場として、「記号論（semiotics）」を提唱する。

彼は、あるものが記号としてはたらいている過程を記号過程（semiosis）とよび、そこには次の四つの要素がふくまれるという。すなわち、

（1）記号としてはたらく「記号媒体（sign vehicle）」
（2）記号が指示する「指示対象（designatum）」
（3）記号を解釈するものにたいする効果としての「解釈項（interpretant）」
（4）記号を解釈する「解釈者（interpreter）」である。(1)

以上の主張は、まえにのべたパースの記号論の基本的立場、すなわち記号過程を、（1）記号、（2）対象、（3）解釈項、の三項関係からなるとする立場、をうけつぐものである。しかし、モリスがさらに「解釈者」を記号過程の要素にくわえたのは、記号過程をとりあつかう記号論を、次のような三つの分野に分類するためである。

第一は、記号と他の記号の論理的な関係を研究する「構文論（syntactics）」である。この分野では「含意する（implicate）」という用語が主要な役割をはたし、いわゆる論理学はこの分野にぞくする。

第二は、記号とその指示対象との関係を研究する「意味論（semantics）」であり、この分野では、「表示する（designate）」あるいは「指示する（denote）」という用語が主要な役割をはたす。

第三は、記号とそれにたいする解釈者との関係を研究する「語用論（pragmatics）」である。この分野では、「表出する（express）」という用語が重要である。

たとえば「テーブル」という語は、「ものをおくことのできる水平な面をもった家具」を含意し、そうした性質をもったものの種類を表示し、「テーブル」という語を適用できる現実の対象を指示し、「テーブル」という語の解釈者になんらかの解釈項を表出する。(2)

さて「語用論（プラグマティックス）」という用語は、あきらかにプラグマティズムという用語からつくりだされたものである。そもそもプラグマティズムは、概念（記号）をあたえられたもの（解釈者）は、その概念の対象（指示対象）に操作をくわえることから得られる結果によって、その概念の意味（解釈項）を明晰にすることができる、と主張するものであった。したがってプラグマティズムが、記号と解釈者の関係を論じるプラグマティックスと密接な関係をもつのは当然である。

「『プラグマティックス』という用語は、記号論の分野におけるパース、ジェイムズ、デューイ、そしてミードの業績の意義をしめすのに役だつ」とモリスはいう。しかしまた彼は、次のようにつづけている。プラグマティックスをプラグマティズムから区別することも必要である。なぜなら、「ほとんどすべての記号が生命体(living organisms)をその解釈者とする以上、……語用論は、記号過程の生物的側面、すなわち記号のはたらきにおいて生じる心理学的、生物学的、社会学的現象のすべて、をあつかう」からである(3)。

宗教とは

モリスの宗教論『人生の道——世界宗教序説』(一九四二年)の第一章「探究」の扉には、一九世紀のインドの哲学者で、ヒンドゥー教からキリスト教やイスラム教にいたる宗教を遍歴して独自の宗教信仰を形成したラーマクリシュナ(Rāmakṛṣṇa, 1836-86)の次の言葉が引用されている。「すべての人は自分自身の宗教にしたがう。病める子供たちを看護する母親が、ひとりにはカレーライスを、いまひとりにはサゴヤシの粉を、そしてまたひとりにはバターをぬったパンをあたえるように、神はさまざまな人たちに、各人の本性にふさわしいさまざまな道を用意しているのである(4)。」

さてモリスによれば、「個人の人生の指針となるもっとも一般的な方式は、その人を救済する方法であり、そうした救済方法の基礎となってそれを実行にうつす信念と手段が、その人の宗教である。[5]」しかしモリスは「救済」や「宗教」という言葉は西洋ではキリスト教の信仰とむすびつけて考えられやすいので、誤解をさけるために「救済」や「宗教」を、それぞれ「全人格的な方向づけ（total orientation)」、「人生の道（way of life)」という言葉におきかえてもよいといっている。[6]

人格を構成する三つの要素

さてモリスによれば、各人の人格は、次の三つの要素からなっている。すなわち、人間にはまず第一に、欲望をみたすにふさわしい対象があれば、ためらうことなくそれに熱中する傾向、すなわち「ディオニュソス的要素（Dionysian component)」がある。

しかし自分たちをとりまく世界のなかで、各人の思いのままに欲求をみたすことは不可能である。したがって人間には、第二に、欲求を充足できるように世界を操作し、再構築しようとする傾向、すなわち「プロメテウス的要素（Promethean component)」がある。

しかし自然としての世界にせよ、社会としての世界にせよ、自分をとりまく世界を思うように再構築することができないことはあきらかである。したがってプロメテウス的活動のなかにも、すでに慎重さがみられるのであるが、こうした慎重さから、第三に、世界の再構築よりもむしろ自分の欲望をおさえることによって自我を規制していこうとする傾向、すなわち「仏教的要素（Buddhistic component）」がうまれる。そしてそれは、自制、孤独、瞑想、離脱にむかう。

個人の性格は、以上のような三つの要素のそれぞれが、どのような強さで配置されているかによってきめられる。いいかえれば、人格の三要素の配置によって各人を分類することができるのであり、ここに「人格型（type of personality）」という概念がうまれる、とモリスはいう。(7)

七つの人格型

人格型には、ディオニュソス的要素（d）、プロメテウス的要素（p）、仏教的要素（b）のそれぞれが、もっとも強く、あるいは中程度に、あるいはもっとも弱く、配置されているかによって、まず六つの型に分類できる。すなわち次頁の図にしめすように、仏教型、ディオニュソス型、プロメテウス型、アポロ型、キリスト教型、モハメッド型である。最初の六つの人格型は、それぞれ次のような人生の道をとることによって表現される。

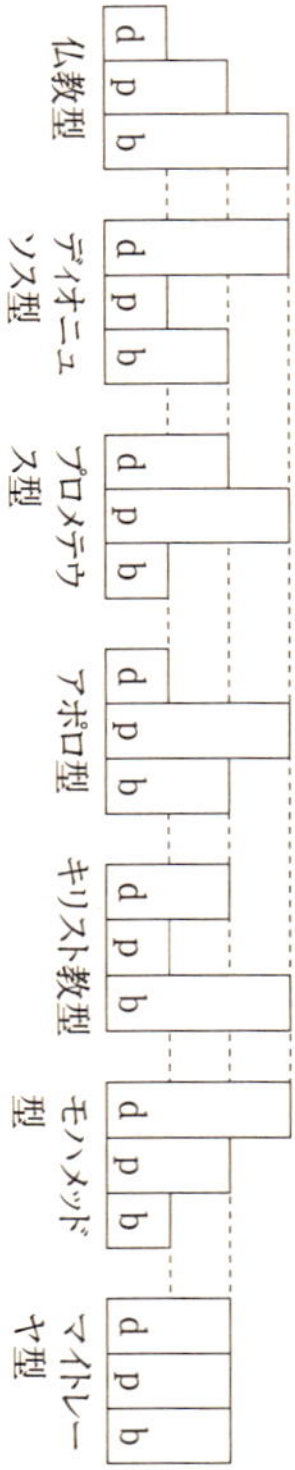

（1）仏教的人格……人生の欲望からの離脱。
（2）ディオニュソス的人格……生命の本源的形式への没入。
（3）プロメテウス的人格……世界を再構築するこころみ。
（4）アポロ的人格……理性的中庸の道。
（5）キリスト教的人格……心をつくして神を愛し、かつ隣人を自分同様に愛する道。
（6）モハメッド的人格……神とその使徒を信じ、神のためにひるまずにたたかう道。

モリスによれば、人間の気質の三大要素であるディオニュソス的、プロメテウス的、仏教的要素のすべてが、かなりつよく、しかも均等にそなわっているといった人格型を表現するような人生の道はまだ形成されていない。しかしモリスは、これをマイトレーヤ的人格とよび、これこそ理想の人格型であるという。

（7）マイトレーヤ的人格……その特徴は、「人生を離脱して、しかも同時に人生に執着する態度」である。

インドにおける古代の予言によれば、釈迦（紀元前五六六頃―四八六頃）の死後五六億七千万年をへたのち、次の覚者、マイトレーヤ（Maitreya，弥勒菩薩）が出現するという。もちろん、こうした予言は象徴的な意味しかもたないかもしれない。しかしいずれにせよ、マイトレーヤ的人間は、かつての釈迦と同様、救いとは人生のなかで得られるひとつの状態であって、自分の努力により、この世において獲得できるものである、と信じている。彼は、欲望の消滅という、人間にとって不可能な教えのかわりに、人生からはなれ、かつ人生に執着する、という普遍的な教えを説く。そしてマイトレーヤ的人間は、この態度を自分だけでなく、他のすべての自我に、さらには全宇宙にまでおしひろげていく。「千差万別の現実をいつくしむこと。畏敬の念にみちた喜びをもって、偉大な宇宙のたわむれのなかに没入すること。自我にたいする、他者にたいする、さらにすべての事物にたいする、我執をすてること。そして自分や他者やすべての事物のまえに立って、ひとりの友として、気くばりと、包容力と、あたたかさと、はげましをあたえること。これこそが、マイトレーヤ的人間の涅槃であり、ここで、この世で、そしていま、達成できる涅槃にほかならない(8)」とモリスは主張する。

2 クワインの経験論（I）

ウィラード・ヴァン・オルマン・クワイン（Willard Van Orman Quine, 1908-2000）は、現代経験論の主要な潮流を形成してきた論理実証主義のふたつのドグマ（すなわち分析的真理のドグマと、還元主義のドグマ）を徹底的に批判することによって、現代哲学に深刻な影響をあたえた。

クワインの略歴と著作

彼はオハイオ州アクロンにうまれ、オバーリン大学卒。ハーヴァード大学で博士号取得。一九三二年から三三年にかけて、ウィーンとプラハで論理実証主義者たちに接触する。一九三六年より、ハーヴァード大学哲学科の教職につき、一九四八年から一九七八年まで同大学教授。同年名誉教授となり、二〇〇〇年没。主著には次のものがある。

『記号論理学の一体系』（一九三四年）
『数学的論理学』（一九四〇年、改訂版、一九五一年）
『論理学入門』（一九四一年）
『論理学の方法』（一九五〇年、改訂版、一九七二年）
『論理的観点から』（一九五三年、改訂版、一九六一年）

『言葉と対象』（一九六〇年）
『集合論とその論理』（一九六三年）
『様ざまなパラドックス』（一九六六年）
『存在論的相対性』（一九六九年）
『論理学の哲学』（一九七〇年）
『指示の起源』（一九七四年）
『理論と事物』（一九八〇年）
『わが生涯のとき』（一九八五年）
『真理の追究』（一九九〇年、改訂版、一九九二年）
『刺激から科学へ』（一九九五年）

ふたつのドグマ

一九五一年に発表された論文「経験主義のふたつのドグマ」は、哲学界をゆるがす衝撃的な論文であった。なぜならそれは、現代経験論にとって当然の前提とされてきたふたつの信念が、根拠のないドグマにすぎないことをあきらかにするものであったからである。そのひとつは、「分析的真理」すなわち、たとえば「きょう長崎は雨か雨でないかのどちらかだ」のような、事実とは関係なくもっぱら言葉の意味にもとづく真理と、「総合的真理」すなわち、たとえば「きょう長崎は雨です」のような、事実にもとづく真理とのあいだには決定的な断絶がある、という信念である。

もうひとつは「還元主義」、すなわち有意味な命題はすべて直接的経験をさししめす言葉から論理的に構成されたものである、という信念である。この信念は、いいかえれば、有意味とされる命題はすべて直接的経験をさししめす言葉に還元できるものでなければならない、ということにほかならないゆえ、還元主義とよばれるのである。

クワインはいう。「どちらのドグマにも根拠がないと私は論じる。これらのドグマをす

W.V.O.クワイン

てさることのひとつの結果は、あとでみるように、思弁的形而上学と自然科学のあいだにあると考えられてきた境界がぼやけてくることである。もうひとつの結果は、プラグマティズムへの移行である。(9)」

分析的真理と同義性と定義

さて分析的真理には「配偶者をもたない人は、だれも配偶者をもたない」という命題（これをAとする）のような、論理的に真であるものと、「独身者は、だれも配偶者をもたない」という命題（Bとする）のような、もとの命題のある部分を適当な同義語でおきかえれば論理的に真となるものとの二種類がある。たとえばBについては、「独身者」は「配偶者をもたない人」と同義であるとして、後者を前者に代入すれば、Bは「配偶者をもたない人は、だれも配偶者をもたない」となって、Aとまったく同じ論理的真理となる。

ここで問題となるのは、Bのような分析的真理である。これは「同義性」という概念を前提にしている。しかし「同義性」という概念自体はどこから得られるのか。それは「定義」による、と主張する人がいる。すなわち、「独身者」は「配偶者をもたない人」と定義できるから、両者は同義だ、というのである。しかしクワインによれば、その考えは本末転倒である。なぜなら、両者が同義であるとされるからこそ、そのような定義がなされ、そうした定義をあつめて辞書が編集されるからである。

同義性と「真理値をかえることのない交換可能性」

そこで次に考えられるのは、「真理値をかえることなしに交換できる（interchangeable salva veritate）」という概念である。「XとYとは同義である」ということは、「XとYは真理値をかえることなしに交換できる」、あるいは「XとYを交換しても命題の真理値はかわらない」ということだ、と考えれば、同義性を説明できるのではないか。たとえば「彼は独身者である」のように、「独身者」という言葉のでてくるすべての命題（これらをCとする）の「独身者」を「配偶者をもたない人」におきかえた命題（これらをDとする）をつくっても、CとDの真理値はかわらないから、「独身者」と「配偶者をもたない人」は同義であるとすることができる。したがって、「独身者は配偶者をもたない人である」は分析的真理だ、ということになる。

しかしクワインによれば、「真理値をかえることのない交換可能性」もある命題が分析的真理であること（すなわちその命題の分析性）を十分に説明するものではない。——例をひとつあげて説明しよう。

現在、生物学では「心臓をもつ動物」（これをX動物とする）はすべて「腎臓をもつ動物」（これをY動物とする）であり、逆もまた真であるとされる。したがって、「X動物」という言葉のでてくるすべての命題の「X動物」を「Y動物」におきかえた命題の真理値はいずれもかわらない。したがって、「X動物」と「Y動物」は同義であり、「心臓をもつ動物はすべて腎臓をもつ動物である」（E）は分析的真理だ、ということになる。しかし命題Eは、言葉の意味だけにもとづく分析的真理であるといえるだろうか。それは前述の「きょう長崎は雨です」とおなじように、「単に偶然的な事実にもとづく」真理ではなかろうか。少なくとも「そうでないという保証はなにもない」とクワインは主張する。(10)

意味論的規則による説明

以上のように、日常言語では分析性を説明できないが、人工言語の場合には、「意味論的規則」を特定することによって、分析性を説明できるのではないか、と主張する論者がいる。しかしクワインによれば、それはあくまでも個々の人工言語のひとつひとつについて、「文S_1は言語L_1において分析的である」、「文S_2は言語L_2において分析的である」というふうに、別々に定義するものである。このように「L_1において分析的」、「L_2において分析的」、……と、それぞれの言語について定義をしたとしても、両者の定義のあいだに共通するものはなにもない。もし共通性があるとすれば、それぞれの言語に依存しない「分析性」という概念がすでに確立されているからにほかならない。ここでも、意味論的規則によって分析的真理を説明するのは本末転倒だ、といわなければならない。

このように、いずれの方法によっても「分析性」の概念を根拠づけることができない以上、事実とは関係なく言葉の意味だけにもとづく分析的真理と、事実にもとづく総合的真理とのあいだに明確な境界線をひくことはできない、とクワインは主張するのである。

「デュエム＝クワイン・テーゼ」

論理実証主義によれば、命題の意味はそれを検証するための方法をしめすことによってあたえられる。こうした意味の検証理論は、一九世紀後半、パースによるプラグマティック・マクシムという先駆的な提案以後、一九二〇年代になってさかんに主張されるようになった理論である。しかし命題の検証は、それを基本命題へと論理的に分解し、そうした基本命題と感覚的経験とをつきあわせるという簡単な手続きによっておこなわれる、とする主張は、事態をあまりにも単純化しすぎている。たとえば「地球は太陽のまわりをまわっている」という命題を検証するためには、直接的な観察だけでなく、この命題と論理的な関係をもつ多くの命題の検証を必要とする。つまりある命題の検証は、他のいっさいの命題から切りはなされた単独のかたちでおこなわれることはめったにないのである。

このことを明瞭にしめしたのが、二〇世紀のはじめ物理学における「決定的実験」の存在を否定した、フランスの理論物理学者ピエール・デュエム（Pierre Maurice Marie Duhem, 1861-1916）である。デュエムはいう。「物理学者にとって、単独の仮説を実験によるテストにかけることはけっしてできない。物理学者はただ、もろもろの仮説の全体を実験によるテストにかけることができるだけである。実験結果が彼の予測と一致しないとき、実験は彼に、この全体を構成するもろもろの仮説のうち少なくともひとつはうけいれがたいものであり、訂正されるべきだ、ということを教える。だが実験は、これらの仮説のうち、どれを訂正すべきかを物理学者に告げることをしない。[11]」

以上のような、物理理論にかんするデュエムの主張を、クワインはさらに拡張して次のようにいう。「外界についての私たちの命題は、個々別々にではなく、ひとつのまとまり(a corporate body)としてのみ感覚的経験の裁きをうけるのである。[12]」これが有名な「デュエム＝クワイン・テーゼ」とよばれるものである。

クワインの全体主義

ここでクワインが「ひとつのまとまり」というのは、「科学全体(the whole of science)[13]」にほかならない。「地理や歴史のもっともありふれた事柄から、原子物理学や、さらには純粋数学ないし論理学のもっとも根本的な法則にいたるまで、私たちのいわゆる知識や信念の全体は、周辺でのみ経験と衝突する人工の構築物(a man-made fabric)である。[14]」

そして周辺部分での命題と経験の衝突は、人工の構築物にすぎない知識や信念の体系内部での再調整をひきおこし、体系のなかにあるいずれかの命題の真理値が変更される。そして論理法則もこの体系内で中心部分をしめる命題にすぎないから、論理法則自体が変更される場合もある。

こうしてクワインはいう。「周辺にきわめて近い命題でさえ、それに反抗する経験(recalcitrant experience)に直面したとき、この経験は幻覚だ、と言い張るとか、論理法則とされるような命題のほうを改定することによって、もとの命題は依然として真である、と主張しつづけることができる。逆に、おなじ理由から、どんな命題でも改定をまぬがれることはない。排中律という論理法則の改定さえ、量子力学を単純化する手段として提案されているのである。[15]」

クワインのプラグマティズム

しかし体系内部の調整にかんしては、体系全体をできるだけ変えまいとする「保守主義(conservatism)」と、単純な法則を目標とする「単純性の追求(the quest for simplicity)[16]」がはたらく。そこでクワインは次のようにいう。「経験主義者として、私は科学のもちいる概念図式が、究極のところ、過去の経験にてらして未来の経験を予測するための道具(tool)である、と考えつづけている。物理的対象は、便利(convenient)な仲介物としてこの場面に概念的に導入されたものである。……私自身、素人の物理学者として、物理的対象の存在を信じ、ホメロスの神々の存在を信じることはない。そして私とはちがった信じかたをするのは、科学的に誤りであると考える。[17]」

「しかし」とクワインはつづける。「認識論的な地位のうえで、物理的対象と神々のあいだには、程度の差があるだけで、種類のちがいがあるわけではない。どちらの存在も、文化的仮定（cultural posit）としてのみ私たちの考えかたにはいってくるのである。物理的対象という神話が、たいていの他の神話よりも認識論的にすぐれているのは、経験の流れ（the flux of experience）のなかに、とりあつかいやすい構造をつくりだす装置（device）として、より有効（efficacious）であることがわかっているためである。」

そしてこの論文の最後は、次のようにむすばれる。「人はみな、科学という遺産のほかに、たえず感覚的刺激という弾幕にさらされている。そうした絶え間のない感覚的刺激に合うように、科学の遺産に変形をくわえるうえでの指針となるさまざまな考えかたは、合理的であるかぎり、プラグマティックなものである。[18]」

クワイン自身がいう経験主義の「プラグマティズムへの移行」（前出二九五頁）は、以上の文章にあきらかである。すなわち、科学の概念図式を道具もしくは装置と考え、未来の経験を予測するうえで、あるいは経験の流れのなかにとりあつかいやすい構造をつくりだすうえで、より便利でより有効なほうを選ぶという態度がつらぬかれているからである。

3　クワインの経験論（II）

『言葉と対象』

論文「経験主義のふたつのドグマ」（一九五一年）の約一〇年後に公刊された著書『言葉と対象』（一九六〇年）で、クワインは「翻訳の不確定性（indeterminacy of translation）」と「指示の不可測性（inscrutability of reference）」を主張した。ただし後者の主張は、この著書では前者と明確に区別されず、後にジョン・デューイを記念してコロンビア大学でおこなわれた講演「存在論的相対性」（一九六八年）において明確に規定された。いずれにせよこれらふたつの主張は、F・L・G・フレーゲ（Friedrich Ludwig Gottlob Frege, 1848-1925）以来、伝統的に前提とされてきた「意味（meaning）」と「指示（reference）」というふたつの概念の再検討をせまるものである。なぜなら、翻訳の不確定性は、私たちのもちいている語や文には普遍的に共通する確定的な意味がないことをしめし、指示の不可測性は、私たちのもちいている語が明確に定められた指示対象をもたないことを主張するものだからである。

指示の不可測性

クワインは、言葉の「意味」が私たちの知識や理論をささえる有効な道具となりうるかどうかを検討するために、言語的、文化的にまったく他の言語圏と断絶した言語圏にぞくする言語を、なんの予備知識もなしに翻訳することをこころみる言語学者の作業を想定する。これは、「根底的翻訳（radical translation）」とクワインが名づけるひとつの思考実験である。

まず、相手のどういう反応が「イエス」や「ノー」をあらわすかをたしかめなければならない。それができた後に、相手の目のまえに生じている事態、たとえばウサギがあらわれた事態と同時に、これまでの観察からして「ウサギだ！」という文をあらわすと思われる「ガバガイ！」という言葉を、質問としてぶつけてみる。これを何度もくりかえして、そのたびに「イエス」の反応を得ることができれば、ひとまず、「ガバガイ」は「ウサギ」を意味する、と考えることができる。

しかし、「ガバガイ」のように、発話と同時に生じている事態に直接かかわりをもつ「場面文（occation sentence）」の場合とはちがって、たとえば「独身者」とか、「私の愛する配偶者」、さらには「私の愛する配偶者はすでに存在しない」という文章が例示するように、場面の観察によって諾・否をもとめることのできる「観察性」が段階的に少なくなっていくことが考えられる。そして観察性が少なくなるにつれて、意味を経験的にたしかめることがますます困難になってくることはいうまでもない。

それだけでなく、たとえば「ウサギだ！」ということをあらわすと思われる「ガバガイ！」にしても、いま観察されたウサギそのものなのか、走っているウサギのような、ウサギのある状態なのか、またたとえば、耳が長くて目が赤いといったウサギの特質（すなわちウサギ性）なのか、そのいずれを指示するのかが不明である。このように単純な場面文においてすでに「指示の不可測性」が考えられる。[19] したがって観察性の少ない文についてはなおさらのことである。

翻訳の不確定性

このように、未知の言語にたいしてはさまざまな翻訳がおこなわれるが、それらの翻訳のいずれが正しいかを判定することはできない、といわざるをえない。ある翻訳が正しいかどうか、たとえば「ウサギだ！」は「ガバガイ！」の正しい翻訳であるかどうかは、言語学者によって設定された辞書や文法書からなる翻訳の手引きにもとづいてきめることができよう。しかしこうした翻訳の手引きは、さまざまな仕方で複数のかたちで設定され得るから、それらのひとつひとつは翻訳される言語と両立するけれども、相互には両立しないことが考えられる。そこでクワインは、次のように主張する。「ひとつの言語を別の言語に翻訳するための手引きは、さまざまな仕方で設定できる。それらはすべて、翻訳される言語における発話傾向の全体と両立するが、相互には両立しない。[20]」これが「翻訳の不確定性」原理である。

クワインとパース

クワインによれば、以上にのべた翻訳の不確定性原理は、パースとデュエムのそれぞれの主張をともにみとめることから自然に帰結するという。[21] すなわち、前者は、文の意味はその文が真であるための証拠とみなされる経験によって規定される、という主張であり、後者は、理論的な文が真であるための証拠として経験とつきあわされるのは、単一の文としてではなく、理論の大きなまとまりとしてである、という主張である。

たとえば、「ガバガイ！」という文の意味は、実際にウサギが目のまえに出現したときの感覚的刺激、すなわち「その文が真であるための証拠とみなされる経験」によって規定されるが、そうした規定も「ガバガイ！」を「ウサギだ！」とするような翻訳体系全体を背景にしてはじめてなされることだからである。

以上のようにクワインは、あきらかにパースの影響下にあるけれども、パースの真理観について次のように批判していることは注目に値する。

クワインによれば、パースは、真理とは私たちが科学的方法を連続的に使用するときに極限として接近していく理念的な概念であるとした。しかし極限の概念は、「より近い」という概念にもとづくものであって、これは数について定義されるが、理論にかんして定義されるものではない。また、理念的な結果が唯一である、とすることにも難点がある。なぜなら、たとえ永遠のかなたにおいてさえ、いかなる体系よりも科学的にすぐれた、あるいはより単純な、一個の体系を想定する根拠はないからである。「科学的方法は、真理への手段であるが、真理の唯一の定義を、たとえ原理的にせよ、あたえるものではない。[パースやデューイによる]いわゆるプラグマティックな真理の定義は、いずれも同様に失敗する運命にある。(22)」

クワインの可謬主義

まえにもふれたように、自然科学における物理的対象も、ギリシアの神々も、それぞれが「文化的仮定」(前出三〇一頁)によるものであって、たとえば「ナトリウムの原子量は23である」という命題も、「ケンタウルスが存在する」という命題も、人びとが採用するそれぞれの理論全体のなかで、すなわち人びとがのりあわせているそれぞれの「船」のなかで、真であるにすぎない(23)。

しかしクワイン自身は、物理的対象をふくむ、自然科学という理論の「船」にのって次のようにいう。「発展しつつある(evolving)私たち自身の理論全体のなかにあって、私たちはできるかぎり真剣にそして絶対的に(absolutely)真理があると判断できるのである。真理はもちろん修正をうける(subject to correction)。しかしそれは、いうまでもないことである。[24]」

ここでクワインのように、「絶対的に」という言葉がつかえるかどうかは疑問である。どの船にのっていても共通に普遍的に真理があるときにのみ「絶対的に」といえるからである。しかしいずれにせよ、クワインによれば、同一の船にのっているかぎり、真理は修正をうけつつ「発展し」ていく。ただし船をのりかえれば、それはもはや真理ではない。あらゆる船に共通の真理はなく、またいずれの船の真理が優越しているということもない。ここにクワイン独自の可謬主義がある、ということができよう。

第14章 注

(1) Charles William Morris, Foundations of the Theory of Signs, International Encyclopedia of Unified Science, Vol. 1, No. 2, University of Chicago Press, 1938, p. 3.（内田種臣・小林昭世訳『記号論の基礎』勁草書房、一九八八年、七―八頁）
(2) Ibid., pp. 6-7.（内田・他訳、一二―四頁）
(3) Ibid., pp. 29-30.（内田・他訳、五一―二頁）

(4) C. W. Morris, Paths of Life――Preface to a World Religion, 1942, George Braziller, Inc., 1956, p. 1.（渡辺照宏・尾住秀雄訳『人生の道』理想社、一九六六年、一一頁）
(5) Ibid., p. 4.（内田・他訳、一四頁）
(6) Ibid., pp. 3-4.（内田・他訳、一三―四頁）
(7) Ibid., p. 29.（内田・他訳、四五頁）
(8) Ibid., p. 213.（内田・他訳、二八二頁）
(9) Willard Van Orman Quine, 'Two Dogmas of Empiricism', in From a Logical Point of View, Harvard University Press, 1961, p. 20.（飯田隆訳『論理的観点から』勁草書房、一九九二年、三一頁）
(10) Cf. Ibid., p. 31.（飯田訳、四七頁、参照）
(11) Pierre Maurice Marie Duhem, La Théorie Physique : Son Objet, Sa Structure, 1914.（The Aim and Structure of Physical Theory, translated by P. P. Wiener, Princeton University Press, 1954, p. 187. 小林道雄・熊谷陽一・安孫子信訳『物理理論の目的と構造』勁草書房、一九九一年、二五二頁）
(12) W. V. O. Quine, 'Two Dogmas of Empiricism', Op. cit., p. 41.（飯田訳、六一頁）
(13) Ibid., p. 42.（飯田訳、六三頁）
(14) Ibid.
(15) Ibid., p. 43.（飯田訳、六四頁）

（16）Ibid., p. 46.（飯田訳、六八頁）
（17）Ibid., p. 44.（飯田訳、六六頁）
（18）Ibid., p. 46.（飯田訳、六八頁）
（19）Cf. W. V. O. Quine, Word and Object, The M. I. T. Press, 1960, pp. 52-3.（大出晁・宮館恵訳『ことばと対象』勁草書房、一九八四年、八三頁、参照）なお「指示の不可測性」は、前述のように、講演「存在論的相対性」においてより明確にされた。（Cf. W. V. O. Quine, Ontological Relativity and Other Essays, Columbia University Press, 1969, pp. 35, 45, 48.）
（20）W. V. O. Quine, Word and Object, p. 27.（大出・他訳、四〇頁）
（21）W. V. O. Quine, Ontological Relativity and Other Essays, pp. 80-1.
（22）W. V. O. Quine, Word and Object, p. 23.（大出・他訳、三七頁）
（23）Ibid., p. 24.（大出・他訳、三八頁）
（24）Ibid., p. 25.（大出・他訳、三九頁）

第15章　ローティーのプラグマティズム——全体をふりかえって

1　認識論から解釈学へ

リチャード・ローティー（Richard Rorty, 1931-　）は、ジェイムズ、デューイ、クワインなどの主張にたいする彼自身の解釈にもとづき、いまや哲学は、真理をめざすすべての学問を基礎づけようとする「第一哲学（first philosophy）[1]」から、「文化批評（culture criticism）」へと、すなわち、人間のさまざまな言論活動の「長所や短所を比較する研究[2]」へと「脱構築（deconstruction）[3]」されるべきことを説き、現代哲学の諸流派に衝撃をあたえた。

ローティーの略歴と著作

彼は、一九三一年、ニューヨークにうまれた。一九四九年、シカゴ大学卒。一九五六年、イエール大学で博士号取得。一九五七—八年、合衆国陸軍勤務。一九五八年より、ウエルズリー大学で講師および助教授をつとめ、一九六一年から二一年間、プリンストン大学で助教授、準教授、および教授をつとめた。一九八二年、ヴァージニア大学教授となり、現在、スタンフォード大学教授。著書には次のものがある。

『哲学と自然の鏡』(一九七九年)
『プラグマティズムの帰結』(一九八二年)
『偶然性・アイロニー・連帯』(一九八八年)
『客観性・相対主義・真理——哲学論文集 1』(一九九一年)
『ハイデガー論その他——哲学論文集 2』(一九九一年)
『真理・政治・ポストモダニズム』(一九九七年)
『真理と進歩——哲学論文集 3』(一九九八年)
『哲学と社会的希望』(一九九九年)

編著には次のものがある。

『言語論的展開』(一九六七年)
『歴史における哲学』(S・B・シュニーヴィント、Q・スキナーと共編、一九八五年)

三つの転回

ローティーは、分析哲学の古典的な論文を一冊に編集した『言語論的展開』(一九六七年）や、彼の主著のひとつ『哲学と自然の鏡』（一九七九年）において、西洋哲学では近代以後ふたつの転回がなされたが、現代、さらに第三の転回がなされるべきことを主張した。

R. ローティー

すなわち第一は、デカルト（René Descartes, 1596-1650）にはじまり、ジョン・ロック（前出一二三頁）にひきつがれ、カント（前出七四頁）において頂点にたっする近代哲学の主たるテーマが、近代以前の存在論を中心にした考えかたから、認識論を中心とした考えかたに移行した「認識論的転回（epistemological turn）」である。

第二は、フレーゲ（前出三〇二頁）やバートランド・ラッセル（Bertrand Russell, 1872-1970）などの記号論理学的思考に刺激されて、一九世紀末より二〇世紀にかけて、哲学の視点が認識論から、言語哲学あるいは意味論に移行した「言語論的転回（linguistic turn）」である。

しかし言語論的転回も、あらゆる学問の基礎学としての第一哲学を、たんに認識論から意味論にうつしかえたにすぎない。だが、クワインの影響のもとに、絶対的な意味での真理の存在を否定するローティーによれば、そうした「基礎づけ主義（foundationalism）」は不可能であり、また無意味である。したがって哲学は、「真理を獲得するための方法」としてではなく、「人間の再記述（redescription of man）」としての解釈学へと移行しなければならない。この移行は、「解釈学的転回（hermeneutic turn）」(4)と名づけることができるであろう。すなわち、第三の転回である。

認識論の終焉と「解釈学」

ローティーは『哲学と自然の鏡』で、まえにもふれたクワインの論文「存在論的相対性」から次の文章を引用している。「私たちが到達した相対主義のテーゼをくりかえせば、次のようになる。ある理論の対象が［絶対的な意味で］いかなるものであるか、についてのべることは無意味である。ただ、その理論をもうひとつの理論のなかでいかに解釈もしくは再解釈するか、についてのべることだけが意味をもつのだ。(5)」要するに、まえにもふれた「指示の不可測性」からして、ある理論のなかにふくまれるある文の対象を絶対的な意味で指示することができない。すなわち、いかなる場合に、ある文が絶対的な意味で真理であるかを問うことは無意味である。もっと一般的にいえば、あらゆる理論についてその真理性を問い、すべての学問を基礎づけることをめざす認識論のこころみは無意味である。

こうしたクワインの主張をふまえて、ローティーは、近代以来哲学の主流をしめてきた認識論の「終焉(the demise)」を宣告し、それにかわるものとして「解釈学(hermeneutics)」を提唱する。しかし彼は、解釈学を認識論の「後継的学問」として提唱するわけではない。むしろ「逆に、解釈学とは、認識論の終焉によって空けられた文化的空間はこれからもみたされることはないであろう、という期待——すなわち、私たちの文化は、[探究を]制約したり[対象と]対応したりする必要がもはや感じられないようなものになるはずだ、という期待——の表明にほかならない。(6)」

さらにまたローティーによれば、たがいに対立する理論は、それぞれが別々の全体のなかにふくまれており、両者のあいだには共通の地盤がない。したがってそれらを一連の規則によって合理的に一致させることができるという「共約可能性(commensurability)」

はなく、「私たちにできることは、対立者にたいして解釈学的な態度をとることだけである。つまり、彼らのいう耳なれない、逆説的で、攻撃的な事柄が、彼らの語ろうとする残りの事柄と、つじつまがあっているかどうかをしめし、彼らの語ることを私たちの言いまわしで表現するとどうなるかをしめすことをこころみるだけである。論争的な意図をこめたこの種の解釈学は、［認識論的］伝統を脱構築しようとするハイデガー（Martin Heidegger, 1889-1976）やデリダ（Jacques Derrida, 1930-2004）のこころみに共通のものである」(7)とローティーは指摘する。

体系的哲学と啓発的哲学

以上のような解釈学にかんするヒントを、ローティーはH＝G・ガダマー（Hans-Georg Gadamer, 1900-2002）の著書『真理と方法』から得たという(8)。ローティーの理解によれば、ガダマーの解釈学は「真理にたっするための方法」ではなく、思考の目標としての「知識」という概念を、「教育」ないし「自己形成（Bildung）」という概念でおきかえようとするものである。ガダマーは、「外部世界になにが存在するかとか、歴史になにがおこったかということよりも、自分たちの用途のために、私たちが自然や歴史からなにを得ることができるかに関心をもつ態度」を重視する。「（原子や真空についていて、あるいはヨーロッパの歴史について）事実を正しく理解することは、自分自身を表現し、世界に対処するためのあたらしい、より興味ぶかい方法をみいだすための準備教育(propaedeutic)にすぎない。認識論的な、あるいは技術的な観点ではなく、教育的な観点からすれば、物事が語られるその仕方のほうが、真理を所有することよりもはるかに重要なのである。(9)」

このように、真理獲得を重視することなく、むしろそれを教育の一要素とみなす哲学を、ローティーは「啓発的哲学(edifying philosophy)」とよぶ。それは、近代以来西洋哲学の主流をしめてきた、認識論を中心とする「体系的哲学(systematic philosophy)」と対比されるものである。彼の分類によれば、啓発的哲学にぞくする哲学者には、キルケゴール(Sören Aabye Kierkegaard, 1813-55)やニーチェ(Friedrich Wilhelm Nietzsche, 1844-1900)とともに、サンタヤナ、ウィリアム・ジェイムズ、デューイ、後期のウィトゲンシュタイン(Ludwig Wittgenstein, 1889-1951)、そして後期のハイデガーなどがいる。彼らは、認識論がもつ基礎学としての自負にたいして疑いをいだく「傍流の哲学者(peripheral philosophers)」である。これにたいして体系的哲学には、デカルトやカントとともに、フッサール(Edmund Husserl, 1859-1938)やラッセルなどがぞくしているという。(10)

啓発的哲学のねらいは、真理の発見ではなく、「会話（conversation）の継続」にある。ローティーのいう「会話」という概念は、政治学者M・J・オークショット（Michael Joseph Oakeshott, 1901-90）に由来するものであるが、会話は、異質な諸個人が異質性をたもちながらおこなう営みであって、ひとつの結論、あるいはひとつの真理にたっすることを目的とするものではない。[11]たとえば私たちは、旅の車中で偶然となりあわせた見知らぬ人と会話をかわす。そのとき私たちは、相手の生活環境や文化的背景を知らないために、相手の言葉の意味をよく理解できないかもしれない。しかし相手の言葉の不可思議さ、おなじ言葉にたいするおたがいの解釈のずれなどが、旅の会話を魅力的なものにする。ここには、おたがいに相手の人格をみとめあうゆるやかな社会的結合がある。しかも「相手の存在理由を根本的に否定するほど鋭い対立関係にある主体のあいだでも会話は可能であり、議論がすれちがいにおわったとしても、会話的営為そのものによって対立する主体の共生（conviviality）が実現されている。[12]」

さてローティーは、『哲学と自然の鏡』の最後の箇所で次のようにいう。プラトン以来現代にいたるまでの哲学者たちの主張が、私たちの子孫の会話のなかでいかなる役割をはたすことになるのか、だれにもわからない。しかしおそらく哲学は、純粋に啓発的なものとなるであろう。いずれにせよ、「私が是非とも主張しておきたい唯一の点は、こうである。すなわち、会話のなかで近代哲学の伝統的諸問題が占めるべき位置にこだわるよりも、むしろ西洋がこれまでおこなってきた会話をつづけることにこそ、哲学者たちの道徳的関心がむけられるべきである。[13]」

2 「哲学」の脱構築

ローティーがあげるプラグマティズムの三つの特徴

ローティーは『プラグマティズムの帰結』（一九八二年）で、プラグマティズムの特徴として三つをあげ、およそ次のようにのべている。[14]

（1）反本質主義

たとえば「真理」、「知識」、「道徳」など、哲学理論の対象は本質をもたない。あるものの本質とは、そのものをそのものたらしめる普遍的で必然的な本来の性質である。そしてローティーによれば、真理はこうした本質をもたないゆえ、たとえば「事実」とか「世界がどうなっているか」について語った文について、「それらの文は真であるか」と問うことは無意味であり、「もしその文が真であると信じたとすれば、どういうことになるのか、私はなににかかわることになるのか」と問うのが、そうした文にたいする自然なアプローチである。

（2）事実と価値の区別にたいする拒否

ローティーによれば、プラトン以来、伝統的な哲学は次のような誤りをおかした。すなわち、心を自然をうつしだす鏡としてとらえる「視覚的メタファー」が、たとえば「ネコがマットの上にいる」といったささいな日常的な命題だけでなく、「愛は憎しみにまさる」といった価値にかんする命題にまで適用できるのではないか、と考えた点である。そして価値にかんする命題については、うつしだすべき対象がないゆえ、事実と価値の区別が生じたのである。

しかしローティーによれば、そもそも視覚的メタファー自体が誤りであるゆえ、事実と価値の区別は無意味である。私たちの認識活動は、事実を正確にうつしだすはたらきではなく、「もしそうであると信じるとすれば、私たちはなにをすべきか」という社会的実践として把握されなければならない。

（3）会話という制約以外には、探究には一切の制約がないという主張

パース以来、「探究」はプラグマティズムの基本概念である。パースは、すべての探究者が究極において一致した意見が真理であるという。しかし探究のどの時点においても「異議申したて（objection）」の可能性があるゆえ、あらゆる異議申したてをこえた見解など実は欺瞞でしかない、とローティーはいう。こうして探究においては、つねに異議申

したてによる会話という制約がつきまとう。ローティーにとっては、なにが真理であるかをきめる事実からの制約がない以上、探究には、会話のほかに制約はないのである。

共同体の新しい意味

さてローティーは、プラグマティズムの以上三つの特徴のうち、第三の特徴がとくに重要であるという。なぜならこれは、私たちの思考が直面する根本的な選択に焦点をあてているからである。私たちは、探究をはじめるにあたって、探究の偶然的性格をみとめるか、それとも探究の必然的性格をみとめるか、のいずれかである。前者の場合には、私たちは仲間である人間から文化を継承し、場合によってはたがいに異議申したてをおこない、会話をかわすことをつづけるであろう。これにたいして後者の場合には、探究は必然的にひとつの結論へとみちびかれる、と考えることによって、私たちは正しくプログラムされたロボットとなることをのぞむことになる。

いうまでもなく、ローティーの立場からすれば、前者の選択しかありえない。そしてこのとき、探究者の「共同体」があたらしい意味をおびてくる。なぜならこの場合、共同体は私たちが創造するものと考えられ、「私たちの共同体――すなわち、私たちの社会、私たちの政治的伝統、私たちの知的遺産――にたいする一体感が高められる」からである。

そしてローティーは、次のようにつづけている。「大切なのは、事物を正しく把握するという希望ではなく、暗闇にむかってたがいに身をよせあって生きている他の人間たちへの誠実さである。結局のところ、プラグマティストたちが私たちにおしえるのはこのことである。[15]」

哲学の脱構築——ポスト「哲学」的文化

ローティーは、心を、自然あるいは実在をうつしだす鏡としてとらえる伝統的な哲学を否定して、それにかわるものとして「解釈学」への転回を説いたが、『プラグマティズムの帰結』では、そうした「鏡なき哲学」のもとにある文化は、ポスト「哲学」的文化（a post-Philosophical culture）とよばれる。ここでいうカッコつきの（原文では大文字ではじまる）「哲学」は、いうまでもなく、客観的な真理の把握、あるいはその基礎づけをめざす伝統的な哲学である。しかし真理にはこれこそ真理だというような普遍的で必然的な本来の性質はなく、ジェイムズのいうように各人にとって「信念として持つとよいもの」にすぎないから、「哲学」は成立しない。つまりポスト「哲学」的文化は、あらゆる種類の言語活動をあるがままにまかせる文化であって、そこでは哲学は、さまざまな言語活動を比較する研究、すなわち「文化批評」にきわめて似たものとなる。[16]もはや哲学は、文学と区別されないばかりか、「科学も文学の一ジャンルとみなされる。別のいいかたをすれば、文学や芸術も、科学的探究とおなじ立場にたつ探究とみなされるのである。[17]」

「新ファジー主義」と「自文化中心主義」

このようなローティーの主張は、「新ファジー主義（New Fuzziness）」[18]とよばれる。なぜならそれは、客観的なものと主観的なもの、事実と価値といった区別をぼかしてしまうファジー性の主張に眼目があるからである。「私たちファジー主義者ののぞむことは」とローティーはいう、「『客観性』という観念のかわりに『強制によらない合意（unforced agreement）』という観念をおきかえることである。」[19]

こうしてあらゆるジャンルをふくめて私たちの言論活動は、共同体のなかでの、あるいは他の共同体との会話の継続、すなわち探究である。そこにはつねに異議申したての可能性があるけれども、また強制によらない合意への努力がある。しかし異文化との会話において私たちは、さしあたって歴史的な限定のもとにある自分たちの文化を中心に物事を判断する「自文化中心主義（ethnocentrism）」[20]から出発せざるをえない。真理や合理性について、あらゆる文化に共通する客観的な基準がない以上、最初はたがいに自文化の基準にもとづいて判断せざるをえないからである。しかし会話とともに、信念だけでなく、基準そのものもかわっていく。結局、会話をつうじての強制によらない合意が、それぞれの文化の「連帯（solidarity）」を生む。そしてこれこそが、「客観性」すなわち伝統的な「哲学」がもとめてきた普遍妥当性にかわるものだ、とローティーは考えるのである。こうして彼はいう。「プラグマティストたちがのぞんでいることは、客観性にたいする要求のかわりに、すなわち、自分たちと一体とみなしているなんらかの共同体をこえた実在をとらえたいという要求のかわりに、そうした共同体との連帯にたいする要求をおきかえることである。[21]」

3　ローティー批判と、プラグマティズムの現代的意義

ローティーのプラグマティズムの解釈

ローティーの主張が伝統的な「哲学」にたいしてある種の衝撃をあたえたことは否定できない。体系的哲学から啓発的哲学への転回を説く彼の主張は、傾聴に値する意見であることはいうまでもない。しかし私は、ここでローティーのプラグマティズム解釈にたいして、ひとつの異議申したてをしたい。というのは、彼の主張はパース以来のプラグマティズムの真理観や実在観のたんなる一面的な解釈にもとづくものでしかない、と思うからである。

まえにも言及した『プラグマティズムの帰結』で、ローティーはこうのべている。「プラグマティストは、真理とは実在との対応であるという考えを一切すててしまうのであり、現代科学は、それが実在に対応しているから私たちの役にたっているのではなく、ただ役

にたっているだけなのだ、と主張する。プラグマティストは、(思考と事物との、あるいは言葉と事物との)『対応』という観念に興味ぶかい意味をあたえようとしてきた過去数百年の努力は、結局失敗した、と論じるのである。[22]」と主張する。

そしてローティーは、前節でみたように、真理が真理であるための本来の性質をもたないという「反本質主義」をプラグマティズムの第一の特徴としてあげ、「ジェイムズの主張の要点は、真理とは『実在との対応』であると語ることは無益だ、ということである[23]」と主張する。

しかしこうした主張は、要するに、ローティーがジェイムズの真理観の一側面である「限定的真理(true in so far forth)」(一四四頁以下参照)のみをとりあげ、これこそがプラグマティズムの核心である、と考えるところからくるものである。ローティーは、探究の彼方にある真理、そしてその真理こそが実在を「表現する(represent)」(八八頁参照)、すなわち実在と対応する、というパースの考えかたを否定するばかりか、「プラグマティズムにたいするパースの貢献は、パースがプラグマティズムという名前をつけたことと、ジェイムズを刺激したことにしかない[24]」と断定するまでにいたっている。

パースの実在仮説とクワイン

しかし私たちがみてきた、パースやジェイムズ、さらにはデューイの真理観の全体像をかえりみるとき、ローティーの主張はあまりにも一面的であるといわざるをえない。実際のところ、パースをはじめとするプラグマティストたちは、真理とは実在との「対応」である、といった表現はしない。しかし、「探究」を、疑念を信念にかえる努力としてとらえ（パース）、疑問にこたえるという目的をもつものとし（ジェイムズ）、問題を解決するプロセスと考える（デューイ）とき、そういった探究が「実在」となんのかかわりもなしにおこなわれる、といえるだろうか。パースの指摘によれば、たとえば光速度の研究において、最初は探究者のそれぞれの方法にもとづくさまざまな結果（たとえば光速度にかんするさまざまな信念）しか得られないとしても、各人がそれぞれの方法を整備するにつれて、実在という「外部の力によってひとつのおなじ結論にみちびかれる」（前出八八頁）という。もちろんパースがみとめるように、実在的な事物の存在は、科学的探究の「根本的な仮説」であり、しかもこの仮説は科学の方法をささえるものである以上、科学の方法そのものによっては証明できないものである。[25] パースがこうした仮説を信じる四つの理由についてはすでにのべた。いずれにせよこうした実在的な事物の存在は、ホメロスの神々の存在とおなじように、クワインのいう「文化的仮定」であるといえるであろう。

もっともクワインは、パースの真理観について、「ひとつのおなじ結論にみちびかれる」とする点を批判する。そしてローティーのパース批判をささえる支柱のひとつは、こうしたクワインのパース批判にあると思われる。しかし、自然科学という理論の「船」にのっているかぎりは、パースの実在仮説をみとめざるをえないのではなかろうか。「発展しつつある私たち自身の理論全体のなかにあって、私たちはできるかぎり真剣にそして絶対的に真理があると判断できるのである(26)」というまえに引用したクワインの言葉も、まさに科学的探究というパースと同一船上での発言と考えれば、両者の主張はたがいに矛盾することなく、かさなるであろう。

また次のようなクワインの主張、すなわち「科学的方法は、真理への手段であるが、真理の唯一の定義を、たとえ原理的にせよ、あたえるものではない。いわゆるプラグマティックな真理の定義は、いずれも同様に失敗する運命にある(27)」は、パースが提示し、またデューイが賛同する真理の定義をもって、他の理論の船にも共通する「唯一の定義」とすることはできない、ということであろう。しかしすでにみたように、パースの真理の定義を「私が知っているかぎりもっともよい……定義」として紹介するデューイが、「論理学の観点からする定義のなかで」(前出二五七頁)と限定していることをみのがしてはならない。パースやデューイにとって論理学は、科学的探究の方法を提供するものであるから、デューイのこうした限定は、クワイン流にいえば、「科学的探究という理論の船にのったものの観点からする定義のなかで」ということにほかならない。とすれば、おなじ可謬主義の立場にたつパースやデューイと、ローティーがその主張のよりどころのひとつとしているクワインとのあいだには、決定的な相違はないことになる。

ふたたびデューイの「真理対応説」について

なおデューイが、対応とは問題を解決することだ、という考えにもとづいて、「私が主張するような理論こそ、真理対応説とよばれる資格のある唯一の理論である」と宣言していることを私たちはすでに見とどけている（二六〇頁参照）。

したがってさきほど引用したローティーの指摘、すなわち「プラグマティストは、真理とは実在との対応であるという考えを一切すててしまう」という指摘は、完全に的はずれである、といわなければならない。

価値にたいする多元主義・事実にかんする可謬主義

ローティーはプラグマティズムの第二の特徴として、価値と事実のあいだに、すなわちなんであるべきかと、なにがあるかのあいだに、いかなる相違もない、とする点にあるとした。たしかにジェイムズは「真理とは有用なものであり、有用なものは真理である。両者はおなじことをいっている」といった意味のことをのべている（一四七頁参照）。しかしそこから、ジェイムズが価値と事実を同一視していると断定できないことは、ジェイムズの真理観について私がまえに指摘した（一四五―七頁）ことから、十分に理解できるであろう。

ただしここで少し補足すれば、ジェイムズの限定的真理観や宗教観からわかるように、プラグマティストは、価値にかんしては多元主義の立場をとり、なんらかの一元的な価値を主張することも、また唯一正しい宗教を説くこともない。また事実にかんしては可謬主義の立場にたち、たとえば、「pが事実だ」と絶対的に断定することもない。したがって、プラグマティストは、価値にかんしても事実にかんしても多元主義的な立場にたつことはあきらかである。しかし、そうした多元主義から、プラグマティストは「価値と事実のあいだにいかなる相違もない」と主張している、とみなすことができないのはいうまでもない。

可謬主義と実在仮説

探究には会話という制約以外にいかなる制約もない、とする点がプラグマティズムの第三の特徴である、とローティーはいう。こうした特徴は、可謬主義からくるものである。事実にかんする私たちの命題は可謬的であるゆえ、誤りのない真理に到達するまでつねに異議申したてが生じ、探究は無限につづく。かくして真理は、すべての探究者の一致した意見という「理念的（ideal）」なものとなる。

しかしこの点にかんして、ローティーは次のように批判する。パースの定義には「まさに『対応』という言葉と同じようにいかがわしい（fishy）言葉がもちいられている。『理念的』というのがそれである。その言葉のいかがわしさを減少するためには、パースは次の問いにこたえなければならない。すなわち、私たちが探究の終着点にいるということがどうしてわかるのか、という問いである。この問いは、たんに刺激にたいして正しく反応していると通常いわれるようなこととはちがって、私たちが実在に対応しているということがどうしてわかるのか、という問いと同様に厄介なものである。[28]」

ここでローティーは、次の二点を問題にしている。すなわち、

（1）探究が終着点にたっしたことがどうしてわかるのか。

（2）かりに探究が終着点にたっしたとしても、そこでの意見が実在と対応していることがどうしてわかるのか。

という二点である。これにたいして、私は次のようにこたえるのがパースの見解にそうものであると考える。

（1）については、異議申したてがなくなったときに、というのがその答である。可謬主義にたつかぎり、これは当然のことである。

そして、

（2）については、パースは実在の性質は私たちがそれについてどう考えるかに依存し

ないという（八五頁参照）。つまり、実在はいわば超越的な存在であって、私たちの意見や信念がそれに対応しているかどうかを、私たちが知ることはできない。現実にもはや異議申したてがないゆえに、究極の意見ではないかと思われるものが、実在を表現している（すなわち対応している）と考えるしかないのである。

このような実在仮説は、可謬主義の唯一の支点であるといえる。なぜなら、可謬主義を説くものはなんらかの支点をもたないかぎり、可謬主義そのものは可謬的でないのか、という批判にたちむかうことはできないからである。

パースは次のようにいっている。私たちの知識はすべて可謬的であって、絶対的ではない。しかし例外をもうけるとしたら、こういった可謬主義こそ「絶対的に不可謬な唯一のものだということになるであろう。しかしそれ以外に絶対的に不可謬なものはないにせよ、実際的には多くの命題が不可謬とされるのである。」(29)

パースがこのようにいうのも、まえにふれたように、探究がすすむにつれて、実在という私たちの外部にあるものの力によって、私たちは「ひとつのおなじ結論にみちびかれる」という仮説を信じるからである。こうして実在仮説こそ、可謬主義をささえる支点であるといわなければならない。

ローティーにたいする評価

以上のように、ローティーのプラグマティズム解釈は一面的であるとしても、近代哲学史上三つの転回を説くローティーの主張に、私はかなりの賛意を表したい。とくに「体系的哲学」から「啓発的哲学」への転回を説く彼の基本的姿勢と、探究における異議申したての重視、会話の継続と「強制によらない合意」、すなわち「連帯」の主張に私は賛同する。

ローティーは、論文「哲学と未来」（一九九五年）で次のように主張している。[30] 哲学者はヒラリー・パトナム（Hilary Putnam, 1926– ）が指摘しているような、「実際的な、あるいは精神的な、意味をまるでもたない[31]」専門的な論争にあけくれる「退廃した専門主義（decadent scholasticism）」におちいるべきではない。

そしてまた哲学者は、かつてハイデガーが過ちをおかしたように、未来を語る「愛国者」であってはならず、また先頭にたって未来の思想をきりひらくと自称する「前衛派」であってはならない。

たとえば、カントがキリスト教的信仰とニュートン力学とを、またガンジーが「バガヴァッド・ギーター」の言語とJ・ロックやJ・S・ミルの言語とを調和させることをこころみたように、これまで多くの哲学者は調停者の役割をはたした。そしてこれからの哲学者の仕事は、未来を建設するための場所を確保するために、あれこれの過去の思想を整理する下積みの労働者の仕事である、とローティーは主張する。そこで彼は、この論文の結論部分でデューイの『哲学の改造』（一九一九年、日本における講演）から次の文章を引用して、哲学者にたいして同意をもとめている。

「哲学は仮説しか提供することができない。そしてこうした仮説は、人びとの心を、自分たちの周囲の生活にたいしてより鋭敏にするときにのみ価値をもつのだ。[32]」

私はここに紹介したかぎりでのローティーの主張に全面的に賛成する。

再度ローティーに

しかし私は、ローティーにたいして、かさねて次の点を指摘したい。真理は、疑念を信念にかえる、いいかえれば、問題を解決していく、探究の無限のかなたにある。暫定的な問題解決、すなわちデューイのいう「保証つきの言明可能性」にたいしては、くりかえし異議申したてがおこなわれる。しかしこれは、「実在」とはなんのかかわりもなしに、延々とつづくたんなる会話ではない。たとえば日本における身近な例をあげれば、水俣病の問題にしても、北朝鮮による拉致の問題にしても、自分たちの周囲にいる人びとの生死につながる「実在」との痛切なかかわりがあり、探究をつづけることによって、やがて真相が解明され、「実在」があらわになると信じるからこそ、異議申したてがおこなわれるのである。

プラグマティズムの現代的意義

アメリカの現代思想の核心を形成するプラグマティズムの現代的意義はいまやあきらかである。

（1）有限の存在である私たちの意見あるいは信念は、つねに誤りをふくむものであることをみとめる可謬主義。

（2）他の人の権利を侵害しない限り、すべての人の信じる権利をみとめる多元主義。

（3）しかし、探究のかなたに実在をとらえることができるという実在仮説にもとづく、探究ないし会話の継続。

これらの三点が、私たちの日常生活上の思想をふくめて、あるいは西洋と東洋の思想をふくめて、二一世紀の思想にたいしてもつ意義には、はかりしれないものがある、と思う。

第15章　注

（1）「第一哲学」という言葉はアリストテレスに由来し、「もっとも優越的な意味における哲学」をさす。そしてアリストテレスの場合、それは「存在である限りにおける存在」を対象とする形而上学を意味していた。(Cf. Aristoteles, Metaphysica, 1026 a. 出隆訳『形而上学』上巻、岩波文庫、一九五九年、二一七―八頁、参照)

(2) Richard Rorty, Consequences of Pragmatism, University of Minnesota Press, 1982, p. xl. (室井尚・吉岡洋・加藤哲弘・浜日出夫・庁茂訳『哲学の脱構築――プラグマティズムの帰結』御茶の水書房、一九八五年、五七頁)

(3)「脱構築」はフランスの哲学者ジャック・デリダ(前出三一五頁)が言語学者ソシュール(前出一〇四頁)と哲学者ハイデガー(前出三一五頁)からヒントを得て、一九六〇年代に造語したものである。それはある思想体系を解体すると同時に、それをよりよく理解することによってそれとは異質な新しいものにつくりなおすことを意味する。

(4) R. Schwartz, 'Book Review: Philosophy and the Mirror of Nature', Journal of Philosophy, Vol. LXXX, No. 1, 1983, p. 62.

(5) W. V. O. Quine, 'Ontological Relativity', Op. cit., p. 50. Cf. R. Rorty, Philosophy and the Mirror of Nature, Princeton University Press, 1979, p. 196. (野家啓一・伊藤春樹・須藤訓任・野家伸也・柴田正良訳『哲学と自然の鏡』産業図書、一九九三年、二一二頁、参照)

(6) R. Rorty, Philosophy and the Mirror of Nature, p. 315. (野家・他訳、三六八頁)

(7) Ibid., p. 365. (野家・他訳、四二四頁)

(8) Hans-Georg Gadamer, Truth and Method, New York: Continuum, 1975. なおガダマ

ーの原典（Wahrheit und Methode）の初版は一九六〇年。Cf. R. Rorty, Ibid., p. 357.（野家・他訳、四一八頁、参照）

（9）R. Rorty, Ibid., p. 359.（野家・他訳、四一九頁）

（10）Ibid., pp. 367-9.（野家・他訳、四二七―八頁）

（11）Cf. Michael Joseph Oakeshott, 'The Voice of Poetry in the Conversation of Mankind', in Rationalism and Politics, Methuen & Co., 1962, p. 198. Cf. R. Rorty, Ibid., p. 389.（野家・他訳、四四九頁、参照）なお「会話」にかんしては、次が参考になる。井上達夫著『共生の作法――会話としての正義――』創文社、一九八六年、二五二―四頁。

（12）同書、二五四頁。

（13）R. Rorty, Philosophy and the Mirror of Nature, p. 394.（野家・他訳、四五五頁）

（14）R. Rorty, Consequences of Pragmatism, pp. 162-6.（室井・他訳、三六二―九頁）

（15）Ibid., p. 166.（室井・他訳、三六九頁）

（16）Ibid., p. xl.（室井・他訳、五七頁）

（17）Ibid., p. xliii.（室井・他訳、六二頁）

（18）R. Rorty, 'Science as Solidarity', in Objectivity, Relativism, and Truth, Cambridge University Press, 1991, p. 38.（冨田恭彦訳『連帯と自由の哲学』岩波書店、一九八八年、九頁）

（19）Ibid.

(20) Ibid., Introduction, p. 15, p. 43.（冨田訳、一二、二七頁、参照）
(21) Ibid., p. 39.（冨田訳、七頁）
(22) R. Rorty, Consequences of Pragmatism, p. xvii.（室井・他訳、一五頁）
(23) Ibid., p. 162.（室井・他訳、三六二頁）
(24) Ibid., p. 161.（室井・他訳、三六〇頁）
(25) Cf. C. S. Peirce, 5. 384.（上山訳、七〇―一頁）本文、八六頁以下、参照。
(26) W. V. O. Quine, Word and Object, p. 25.（大出・他訳、三九頁）本文、三〇六頁、参照。
(27) Ibid., p. 23.（大出・他訳、三七頁）傍線引用者。本文、三〇六頁、参照。
(28) R. Rorty, 'Pragmatism, Davidson and Truth', in Objectivity, Relativism, and Truth, Cambridge University Press, 1991, p. 131.（冨田訳、二二八頁）傍線引用者。
(29) C. S. Peirce, 2. 75. 傍線イタリック。
(30) R. Rorty, 'Philosophy and Future', in Herman J. Saatkamp, Jr., ed., Rorty and Pragmatism, Vanderbilt University Press, 1995, pp. 197-205.
(31) Hilary Putnam, Renewing Philosophy, Harvard University Press, 1992, p. 139.
(32) John Dewey, Reconstruction in Philosophy, 1920, Mentor Book, 1960, p. 42.（清水・他訳、二六頁）

参考文献

全章

*鶴見俊輔『アメリカ哲学』講談社学術文庫、一九八六年
*S・M・エイムズ著、峰島旭雄・小島雅春・渡辺明照・鶴間規文訳『認識と価値の哲学——パース・ジェイムズ・ミード・デューイ——』大明堂、一九八三年

第1章～第2章（エマソンとソローほか）

*エマソン著、酒本雅之訳『エマソン論文集（上）（下）』岩波文庫、一九九七年
*ソロー著、飯田実訳『市民の反抗・他五篇』岩波文庫、一九九七年
*マーク・トウェイン著、中野好夫訳『人間とは何か』岩波文庫、一九九八年

第3章～第5章（パース）

*上山春平編『パース・ジェイムズ・デューイ』世界の名著、第四八巻、中央公論社、一

九六八年
*伊藤邦武『パースのプラグマティズム――可謬主義的知識論の展開――』勁草書房、一九八五年
*米盛裕二『パースの記号学』勁草書房、一九八一年

第6章~第8章（ジェイムズ）

*ジェイムズ著、桝田啓三郎訳『プラグマティズム』岩波文庫、一九五七年
*ジェイムズ著、福鎌達夫訳『信ずる意志』ウィリアム・ジェイムズ著作集、第二巻、日本教文社、一九六一年
*ジェイムズ著、吉田夏彦訳『多元的宇宙』ウィリアム・ジェイムズ著作集、第六巻、日本教文社、一九六一年

第9章~第10章（ミード）

*ミード著、稲葉三千男・滝沢正樹・中野収訳『精神・自我・社会』青木書店、一九七三年
*ミード著、魚津郁夫・小柳正弘訳『西洋近代思想史――十九世紀の思想のうごき――』講談社学術文庫、上下二巻、一九九四年
*船津衛著『ジョージ・H・ミード――社会的自我論の展開――』東信堂、二〇〇〇年

第11章～第13章（デューイ）

＊魚津郁夫編『デューイ――世界の思想家20』平凡社、一九七八年
＊デューイ著、清水幾太郎・清水禮子訳『哲学の改造』岩波文庫、一九六八年
＊デューイ著、市村尚久訳『学校と社会・子どもとカリキュラム』講談社学術文庫、一九九八年

第14章（モリスとクワイン）

＊モリス著、内田種臣・小林昭世訳『記号論の基礎』勁草書房、一九八八年
＊クワイン著、飯田隆訳『論理的観点から』勁草書房、一九九二年
＊クワイン著、大出晁・宮館恵訳『ことばと対象』勁草書房、一九八四年

第15章（ローティー）

＊ローティー著、野家啓一・伊藤春樹・須藤訓任・野家伸也・柴田正良訳『哲学と自然の鏡』産業図書、一九九三年
＊ローティー著、室井尚・吉岡洋・加藤哲弘・浜日出夫・庁茂訳『哲学の脱構築――プラグマティズムの帰結』御茶の水書房、一九九三年
＊ローティー著、冨田恭彦訳『連帯と自由の哲学』岩波書店、一九八八年

文庫版あとがき

本書は旧著『プラグマティズムと現代』(放送大学教育振興会、一九九七年)を改訂増補した『現代アメリカ思想――プラグマティズムの展開――』(同、二〇〇一年)に、さらに若干の手なおしを加え、『プラグマティズムの思想』としたものである。

題名変更の理由については「まえがき」で少し触れたが、前二著はともに放送大学のラジオ講義のテクストとしてそれぞれ四年間使用された。

放送大学では学期の中間に必ずレポートを出すきまりがあり、学生諸君(といっても、かなりの年配の人が多いが)とのあいだで意見の交換をおこなうことができた。現代アメリカの政治状況とプラグマティズムの関係などがよく質問されたが、そういった問題とは別に、G・H・ミードの自我論にかんして「一般化された他者」の説明として野球の例をあげたテクストの箇所について、実戦においてはそういうことはあり得ない、という具体的な指摘が複数の人たちからあり、本書二一五頁のように書き改めてみた。

なおミードといえば、シカゴ大学で直接ミードの講義をきき、『精神・自我・社会』を『行動主義心理学』(白揚社、一九四一年)として我国で最初に訳出、紹介した三隅一成氏(一九一二―八〇)に触れておきたい。彼は『芸術とスポーツと行動科学』(産業能率大学出版部、一九七九年)において、「一般化された他者」の理論などを応用して、スポーツ選手にたいする育成方法などを論じている。

ところで、本書で使用した各思想家の写真のうちデューイにかんしては、市村尚久氏(早稲田大学名誉教授)が所有しておられるデューイ自身の署名入りの写真をコピーさせていただいた。ただC・W・モリスの写真だけがどうしても入手できなかったが、笠松幸一氏(日本大学教授)から、モリスと親しかった大江精三氏の「随想」(「理想」一九七三年、四八七号、理想社)に掲載されているとの指摘があった。しかしその写真はコピーするには人物が小さすぎるため、残念ながらあきらめざるを得なかった。

最後に、本書の出版については「ちくま学芸文庫」の編集長・大山悦子さんと、編集担当の天野裕子さんにたいへんお世話になった。ここに記して厚くお礼を申し上げたい。

二〇〇五年一一月

ちくま学芸文庫

プラグマティズムの思想《しそう》

二〇〇六年一月十日　第一刷発行
二〇二〇年十月十五日　第七刷発行

著者　魚津郁夫（うおづ・いくお）

発行者　喜入冬子
発行所　株式会社　筑摩書房
東京都台東区蔵前二―五―三　〒一一一―八七五五
電話番号　〇三―五六八七―二六〇一（代表）
装幀者　安野光雅
印刷所　三松堂印刷株式会社
製本所　三松堂印刷株式会社

ISBN4-480-08962-4 C0110

本書は、二〇〇一年三月二十日、財団法人放送大学教育振興会から刊行された『現代アメリカ思想』に若干の手直しを加え、『プラグマティズムの思想』と改題したものである。

索　引

あ行

か行

さ行

た行

な行

は行

ま行

や行

ら行

わ行